辛酸なめ子と寺井広樹の

あの世の歩き方

漫画とリポートでめぐる「死後の世界」

辛酸なめ子・寺井広樹

SHINSAN Nameko　TERAI Hiroki

マキノ出版

ANOYO TRAVEL GUIDEBOOK

まえがき

ずっと、死んだあとの世界のことが気になっていました。祖父母はあの世で快適に過ごしているのかとか、働き者だった母はあの世に行っても仕事しているんじゃないかとか、ときどき霊界について案じていました。断片的にビジョンを見たり、スピリチュアルカウンセラーに様子を教えてもらったりしたこともありました。

祖母が亡くなった直後、瞑想《めいそう》していたら浮かんできたのは、あの世みたいなところに阿弥陀如来《あみだにょらい》様がたたずんでいて、そのまわりに人が集まっているというビジョンです。その集団の中に祖母がいると直感し、仏様に出会えたから、もう安心だと思ったのを覚えています。きっと霊界のしかるべきところにアテンドしてもらえたことでしょう。

また、叔父《おじ》が亡くなったときは、瞑想中に、人々が建物に入っていき、花束を受け取るビジョンが見えました。人生の卒業を祝う花束だったのかもしれません。

母に関しては、ときどき霊界通信のように、メッセージが壁に浮き上がるのを起き抜けに見ることがあります。あの世について教えてと念じたら、黒い点のまわりに大きな円が描かれているのを一瞬見た気がしました。きっと、現世《げんせ》は黒い点みたいな矮《わい》小《しょう》なもので、あの世は広大だというメッセージだと自己流に解釈しました。

生きている私たちは、この世はリアルで、あの世は夢の世界のように感じています。でも、実際は逆なのではないかと、本書の取材をしていて、そんな思いがめばえてきました。あの世にいるときのほうが、意識が拡大し、視野も広がり、冷静沈着で、さえ渡っているのです。現世では自分に自信が持てなかったり欲求不満だったりしても、あの世では誰もが輝けるに違いありません。本当の自分になれる場所なのです。

今回の企画は、2016年1月初旬に、怪談蒐集家《しゅうしゅうか》で涙活《るいかつ》プロデューサーの寺井《てらい》広樹《ひろき》さんからいただいたメールをきっかけにスタートしました。「あの世」についての本を企画しているので書いてもらえないか——お正月なのに、いきなり死の話題とは……と驚きながらも、私もあの世について調べてみたいと思っていたので、その旨《むね》お伝えして、企画が固まっていきました。

お声かけいただいた寺井広樹さんと、取材をナビゲートしてくださったライターの松崎千佐登さんには、たいへんお世話になりました。この場を借りて御礼申し上げます。また、マキノ出版書籍編集部の狩野元春さんの人脈のおかげで、すばらしい先生方ばかりにお話をうかがうことができました。本当にありがとうございました。

取材を進めるうちに、死生観にはそれぞれの人生が現れるということに改めて気づかされました。臨死体験や退行催眠で死を経験した先生方は、そのことでどこか吹っ切れて、エネルギーが精妙に、ポジティブになられたように感じます。死を疑似体験することは、最高の癒《いや》しであり、健康法でもあり、アンチエイジングでもあるのです。

本書を読まれた読者のみなさんも、疑似死によって少しでも癒されたり、恐怖心がやわらいだりすることを祈念しています。

それでは、よいあの世トリップを……。

2016年3月

辛酸《しんさん》なめ子《こ》

辛酸なめ子と寺井広樹の「あの世の歩き方」目次

まえがき
001

第1章
図らずも「あの世」を見てしまった人たち

この世での時間に関係なく
「完成した人」は天国へ行き
今生を生ききるほど
天国ライフも充実
自然療法医（ph.D.）／マスターヒーリングミニスター
小林《こばやし》 健《けん》先生
010

子供時代の3度の
臨死体験で得た不思議な力で
あの世と交信して
先祖の声を聞く
山本印店店主
山本《やまもと》桃仙《とうせん》さん
023

すべての人は生死によって
あちらの世界とこちらの
世界を行き来している

弁護士／医学博士
秋山佳胤《あきやまよしたね》先生

037

死は肉体という
「地球服」を脱ぐだけ
学びのために次の課題を持って
生まれ変わる

ヒーリング・アーティスト
松尾《まつお》みどり先生

050

人にはおおぜいの
守護霊団がついていて
究極の親心で見守っている

アカシックレコードリーダー
如月《きさらぎ》マヤ先生

065

第２章
「あの世」と「この世」を自在に行き来する人たち

死後の世界には
誘導瞑想で誰でも行けて
迷っている魂の
救出もできる

死後探索メソッド開発者
ブルース・モーエンさん

082

ヘミシンクで体外離脱や
あの世への旅ができ
亡くなった人との
交流も可能になる

モンロー研究所公認レジデンシャル・ファシリテーター
坂《さか》本《もと》政《まさ》道《みち》さん

096

人間は精神世界に生きる人と
物質世界に生きる人に大別され
各々の世界を大切にするのが
今生の務め

薬剤師／気功家／荒井塾塾長
荒《あら》井《い》義《よし》雄《お》先生

110

意識とハートを広げれば
ハイヤーセルフが見つかり
過去生の自分とも会える

形而上学教師／著述家／ヒーラー
クレッグ・ジュンジュラスさん

125

海の彼方にある
ニライカナイという楽園で
先祖は幸せに暮らし
私たちを見守っている

琉球風水師
島袋《しまぶくろ》千《ち》鶴《ず》子《こ》先生

140

第3章
あくなき「あの世」の探求者たち

漫画＝辛酸なめ子
文＝寺井広樹
ブックデザイン＝石川愛子
写真＝寺島由里佳

第1章

図らずも「あの世」を見てしまった人たち

この世での時間に関係なく「完成した人」は天国へ行き今生を生ききるほど天国ライフも充実

自然療法医(ph.D.)／マスターヒーリングミニスター
小《こ》林《ばやし》 健《けん》先生

マスターヒーリングミニスター
小林健先生
ふだんはNYで仕事しています
一時帰国中の貴重なお時間にお話をうかがいました
小林先生はなんと5回も臨死体験した臨死上級者
臨死体験で宇宙に行くとメチャクチャ気持ちいいですよ
千人くらいの女性にマッサージしてもらったような……
もしかして先生の若さの秘訣は臨死？
最初は7歳のとき……溺死でした
泳ぎが得意だった小林先生。あるときダムで泳いでいたら……
不幸にして潜れるから底まで行けちゃう。そしたら足が引っかかって……
足がはずれずそのまま力尽きてしまいました
苦しそうですね
苦しみは全然ない。フワーってして超気持ちいいの
チョー気持ちいい！
そんな北島康介的な…
気づいたらあの世にいた小林先生
あれは……神様？イメージと違うけど
モナリザ似
あんた神様じゃないよ！
といったら……
君はまだここに来るときじゃないね！
と追い帰され、生き返ったそうです
臨死するたびいつも同じ神様がいて
また来たの？いいかげんにしなさい
と、あきれられているとか

しかし神様をあんた呼ばわりして大丈夫なんですか…？
神様は愛とbelieveをたくさん持ってる。想像つかないくらいpeaceです
神様は女性なんですね
女性にはシャーマン的な能力があるからね
私も70%女性脳なんです
死後の世界はどんなところでしたか
何もない、まったくない peaceしかない でもよく見ると粒々が浮かんでいてそれが一瞬バチッと人の形に見える
素粒子でできた人々はグループを作っているそうです
波調が合う者同士じゃないかな
合わないとはじき出されちゃう
霊界に来てまでハブられたくないです
あと、あの世では思ったことが作り出されるので生きている間に創造性を養うことが重要だそうです
死後の家の参考に建築を勉強しないと
クリエイティブな才能があれば天国で好きな世界を創れて楽しいんじゃない
私は長くいなかったから何もクリエイトできなかったけど
ちなみに2回めの臨死は20歳でパラシュートが開かず海面にたたきつけられたそうです……
熱さ1千℃のオシッコをもらしたみたいな感じだったね
持って生まれた能力とたび重なる臨死で特別なパワーを得た先生
1日10回は幽体離脱してます
1.2.3.4……
スクワット感覚ですね！

亡くなった人とも話ができるそうです
某有名な俳優とも話しました
手首切って首つって痛かったんじゃないっていったら、別に……って
彼は1週間前からもう死んでたんです
この世に満足してもういいかな、と思ったみたい
前乗りであの世に行くこともあるんですね……そしたら痛みもあまり感じずにすみそうです
死んだ人はみんなそういってるね。死の前にすでに死んでたって
街中でもすでに死んでる人が見えたりしますか？
あるね。そういう人は足が地に着いていない
ちょっと浮いてるもん
怖いですね……
でも人は誰しも生まれたときから死に向かってるから
生まれたと思っても実は棺桶の中から足を出しただけ
いまがすでに死後なんです！
死後幸せになるためにはいま、自分らしく生きなければなりません
無から美しさを創るためにも、自分を生かしきってください
はい！
これからはセレブやリア充をうらやまず、死後の参考にさせていただきます
あの世でこんなインテリアにしたいな

天国は無数の粒々が漂い瞬間的に具現化する世界

アメリカはニューヨークにある本草閣《ほんぞうかく》自然療法センターで、東洋医学やカバラ医学（ユダヤの伝承医学）、食養、メンタルケアなどを融合した独自の治療を行う小林健先生。類《たぐ》いまれなる治療技術がクチコミで広まり、敬愛を込めて人々から「マスターヒーリングミニスター」と呼ばれています。治療院には、各界のセレブやハリウッドスターも多数訪れるそうです。

40年近くアメリカに住む小林先生ですが、生まれは日本の新潟県です。生家は350年以上続く東洋医学の診療所で、ユダヤ系ロシア人のお父様と日本人のお母様のもとに生まれました。

小林先生は、なんと5度もの臨死体験をされています。最初は故郷の新潟にいた7歳のとき、次に東京で大学に通っていた20歳のとき、さらに、アメリカに渡ったあとの40～50代で3度、それぞれ常識的には助かるはずのない事故に遭《あ》い、いずれも生還しているのです。

臨死体験をくり返すにつれて、不思議な力も身についたそうです。亡くなった人や動物と話したり、体の悪い部位がすぐにわかったりする能力です。

そんな霊力も持つ臨死体験の達人、小林先生に、臨死されたいきさつや「あの世」について、また亡くなった人からの情報などについてうかがいました。

「7歳のときは、友達とダム湖で泳いでいておぼれました。私は泳ぎが得意で、かなり深くまで潜れます。それがかえって災いし、湖底の木に足がはさまり、抜けなくなっておぼれてしまったのです」

呼吸も心臓も止まったその体を、お父様が連れ帰って自宅に安置し、おおぜいのお弟子さんたちと必死の祈りを捧げたそうです。

一方、小林先生は、気がつくと大宇宙とおぼしき暗く広い空間に、一人漂《ただよ》っていたといいます。

「何が起こったのか、わけもわからないでいると、一瞬にして場面が変わり、今度は視界がベールで包まれたようなほの明るいところにいました。周囲をよく見ると、無数の粒々が漂っているのです。

ちょうど濃い霧の中にいるような感じで、その霧には濃淡がありました。『人はいないのかな』と思ったとたん、霧の濃い部分が人の形になり、おびただしい数の人が現れ、静かに歩いていました」

そちらの方向に歩いていくと、モナリザに似た雰囲気の人がいて、「君はまだ来るべきときじゃない」といわれたそうです。

「当時の私は、神様は男だと思い込んでいましたが、実はそれが神様で、そこが天国だったのです」

神様の声とともに、小林先生は地上でお父様たちが祈っている場所に瞬間移動。しかし、安置された自分の体を見ながら、魂《たましい》は外にいるままで、お父様たちに何をいっても声が届かなかったとか。途方にくれる小林先生の耳に、お母様の声が聞こえました。

「健ちゃん、どこ行ったの。早く帰ってこないと、あなたの好きなスキヤキ食べちゃうわよ」と。

当時の先生はスキヤキが大好物だったので、「ノーーーッ」と叫んだとたん、自分の体に戻って息を吹き返したそうです。

魂は肉体が亡くなる前にすでに死んでいる

20歳のときには、飛行機に乗ってパラシュートの降下実験に参加したところ、パラシュートが開かず、８００メートルの高さから海に墜落。7歳のときと同じプロセスで天国に行き、神様に追い返されて生き返りました。

45歳のときは、スキューバダイビングをしていて、サメに驚いて急浮上したところ、潜水病で即死。49歳のときは、大雪の日に凍死。55歳のときには、交通事故で川に転落して死亡。いやはやすさまじい体験ですが、死ぬたびに神様に追い返されて生き返っているのです。

「この世での私の魂の務めが、まだ未完成だということでしょう。その完成度は、生きた時間とは関係ありません。

私のところには、亡くなった人がおおぜいみえますが、どなたも美しい瞳をされています。彼らの魂は完成したから、あの世に上がったのだと確信できます。完成した人は、この世で生き続けることに興味がなくなり、ただ平和になりたいようです」

小林先生は、亡くなった人と、どんなふうにお話しされるのでしょうか。

「たいていは夜中に、私の眠りを妨《さまた》げるかのように訪れます。家族や友人に、伝え忘れたことを伝えてほしいとか、残された人がつらい思いをしないようにメッセージを伝えてほしいなどとたのまれることが多いですね。

霊界との高度なチャンネルを持つ人はそんなに多くないので、目につくようです」

亡くなったいきさつはさまざまで、自殺の人も少なくないとか。あるとき、自殺した人に「あなた、たいへんなことをしたね」と語りかけたところ、思いがけない答えが……。

「え、私が？　わからない。私は、その1週間前にはもう死んでいたから」といったというのです。

「自殺に限らず、魂が先に昇天し、肉体は惰性で生きており、結着のつけ方を探しているというのは、よくあることのようです」

肉体の亡くなり方が、見る人を苦しめるほど悲惨でも、魂がひと足先に安らかな場所に旅立っているのなら、少し救われる気がします。

「そうですね。肉体の姿にあまり惑《まど》わされないで、『魂よ安らかに』と祈りをささげるといいですね。

私自身、５度の臨死体験で、苦しんだことは一度もありません。肉体は悲惨なことになりましたが、いずれも超がつくほど気持ちいい体験でした」

ちょっと死ぬのが楽しみになってきますが、「もちろん、まずは自分らしく生ききることが大前提ですよ！」と釘を刺す小林先生でした。

妖怪に愛される方法を伝授されました

お話をうかがっていると、突然、小林先生からこういわれました。

「寺井《てらい》さん、あなた、妖怪に愛されてる感じがする」

「え、え?·」と意味がわからなかったのですが、私がもともと「あの世」だけでなく、幽霊や妖怪などにも興味があり、各地の怪談蒐《しゅう》集《しゅう》も行っていることを見抜かれたのかもしれません。

「もっと妖怪に愛されるには、好きな妖怪の着ぐるみを作って着るといいよ。そして、ちょっと強めのお酒を飲んで意識をオープンにしてみて」とのこと。

あいにく私はお酒が飲めませんが、「ワイン半分でもいいから」と強くすすめられました。ワインを飲んで着ぐるみを着たら、鏡を見ないことも重要だそうです。

「どんな妖怪が好きなの?·」ときかれたので「ぬりかべです」と答えました。マンガ『ゲゲゲの鬼太郎』に出てくる壁の妖怪です。地味でさりげないけれど、インパクトの強い姿と生きざまが好きなのです。

この方法で、妖怪の気持ちがわかるようになり、怪談蒐集などの仕事も飛躍的に進むだろうとのことですので、試したいと思います。

小林先生によると、人間のふりをして社会に紛《まぎ》れている妖怪や宇宙人は、実はけっこう多いそうです。すれ違ったときにスーッと風が吹いたり、ときどき影が薄く感じたりするのは、その証《あかし》なのだとか。

そんな存在に気をつけて生活してみたら、意外な大発見があるかもしれません。

と、すっかり話題がそれてしまいましたが、最後に、5度もあの世に足を踏み入れた小林先生に、あの世での過ごし方をアドバイスしていただきました。

「天国は最高に平和な場所で、退屈と感じる人もいるでしょう。しかし、思ったことがなんでも即、形になって実現できるので、クリエイティブな人にとっては楽しく刺激的にも過ごせると思います。私は毎回の滞在時間が短くて、そんなふうには過ごせませんでしたが」

そういえば、先生は5回とも天国に行っていらっしゃいますが、地獄に行く人はいないのでしょうか。

「私も最初、自分は地獄に行くと思っていました。子供のとき、おなかがすいて、畑のスイカやキュウリを盗んだことがあったからです。しかし、神様から『地獄というのはないんだよ。人間が戒《いまし》めのために想念でつくったもので、実際はない』といわれました。だから、怖がらなくて大丈夫です。

この世での充実した生活が、天国でのすてきな暮らしにつながるので、好きなことや輝ける時間を大切に生きてくださいね」

小林先生のメッセージをしっかり受け止めて、ぬりかべになりつつがんばりたいと思います。

子供時代の3度の臨死体験で得た不思議な力であの世と交信して先祖の声を聞く

山本印店店主

山本《やまもと》桃仙《とうせん》さん

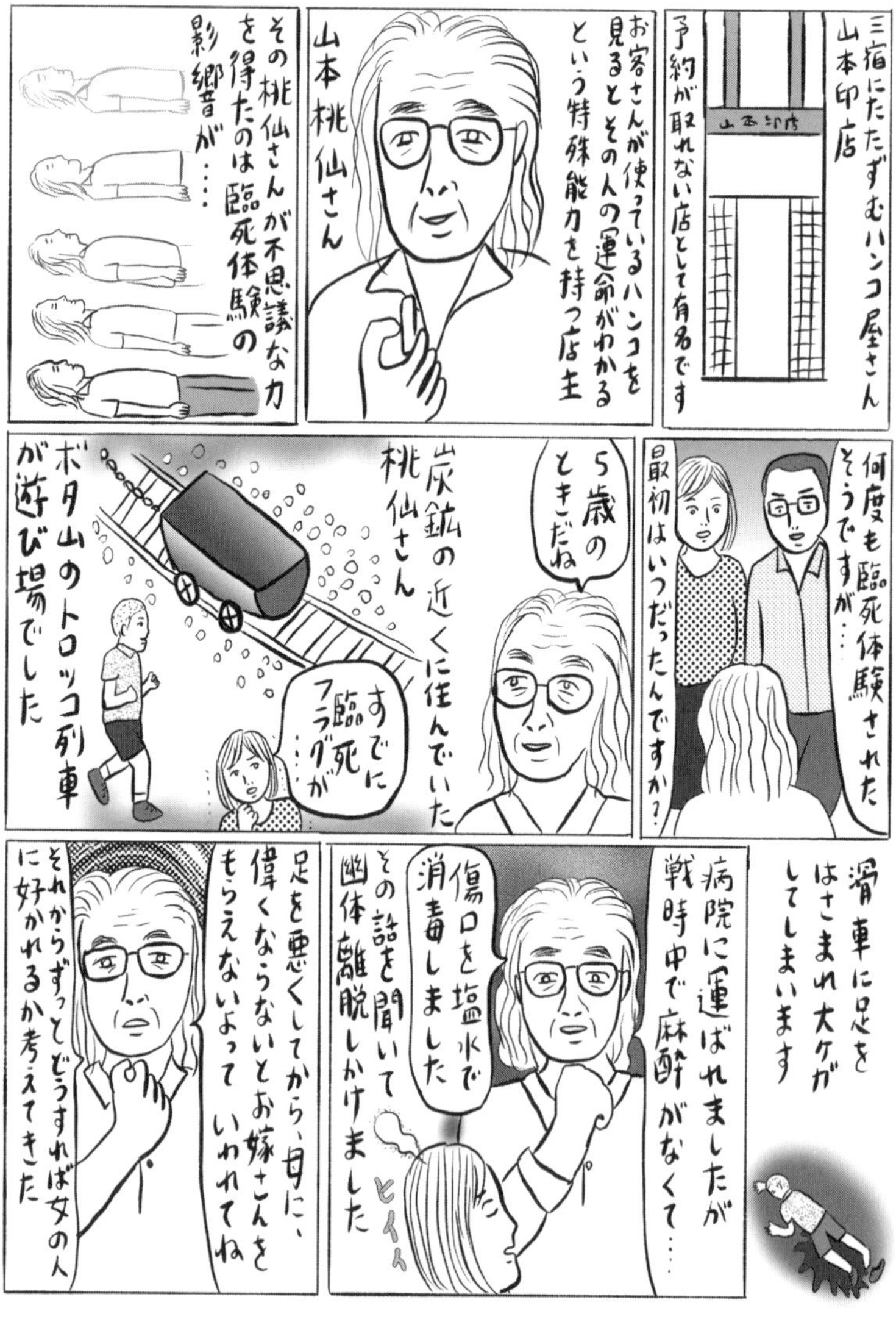
三宿にたたずむハンコ屋さん山本印店
予約が取れない店として有名です
山本印店
お客さんが使っているハンコを見るとその人の運命がわかるという特殊能力を持つ店主
山本桃仙さん
その桃仙さんが不思議な力を得たのは臨死体験の影響が……
何度も臨死体験されたそうですが…
最初はいつだったんですか？
5歳のときだね
炭鉱の近くに住んでいた桃仙さん
すでに臨死フラグが…
ボタ山のトロッコ列車が遊び場でした
滑車に足をはさまれ大ケガをしてしまいます
病院に運ばれましたが戦時中で麻酔がなくて……
傷口を塩水で消毒しました
その話を聞いて幽体離脱しかけました
ヒィィ
足を悪くしてから、母に、偉くならないとお嫁さんをもらえないよっていわれてね
それからずっとどうすれば女の人に好かれるか考えてきた

そんなとき親切にしてくれた女の子がいてね、あれが初恋かな
あの、臨死のお話は……
ああそうだった、入院したんだけど衰弱してゆき…
あと3日が峠だといわれました
気づいたら川のほとりに立っていた桃仙少年
幅5〜6メートルの川で向こう岸にきれいな女の人が立ってました
女の人が好きな桃仙少年はその美女（たぶん観音様）に引き寄せられていきました
ザブ
ザブ
川の半分まで来たところで
つよし〜 戻ってこーい!!
という母の声で呼び戻されたそうです
3回臨死体験をしましたがいつも母の声で戻ってきましたね
つよし〜!
母の愛は絶対ですね

その後、不思議な体験はありますか
人魂を見たね
おじいさんが亡くなったとき、人魂がフワフワ迎えにきて……
訥々と話していた桃仙さんですが……
何か悩みある？
あの、ハンコ持ってきました
急に声色が変わり、力強い口調に
これは……何も考えてないハンコだ
ご先祖様があなたをここに連れてこさせたんだろうね
ご先祖が子孫をつくれといってます
いままで仕事ばかりして女ということを無視して生きてきましたね
はあ……
今日にでも早く誰でもいいから子づくりしてください！
……
このままだと自分の存在がなくなってしまいますよ
先祖の要求に血の気が引いて、おかげさまでまた臨死体験しそうに…
ダメな子孫ですみません

観音様が待っている川から母の声で引き戻された

「不思議なハンコ屋さん」として有名な山本印店店主の山本桃仙さん。現在使っているハンコを見るだけで、その人自身のことやご先祖がその人に伝えようとしているメッセージ、いま抱えている問題、解決のヒントなどがわかるという力をお持ちです。さらに、山本印店でハンコを作るときは運勢が変わるときといわれ、そのことがクチコミで広がって大人気です。

山本印店でハンコを作るには、電話予約が必要ですが、それを受け付ける短い時間におおぜいの人が電話をかけてくるので、なかなかつながりません。しかし、そのとき、山本印店に来るべき人がかけると、すんなりつながるのだとか。それも不思議です。

もっとも、電話がつながる幸運に恵まれて店を訪れても、その人にとってハンコを作る時期が訪れていない場合は作ってもらえません。運勢がよい流れになっているときは、むしろハンコを替えないほうがよいからだそうです。ハンコを作らない場合でも、ご先祖からのメッセージなどを感じれば話してくれます。

ハンコを作るべき時期がきていて、桃仙さんにハンコを作ってもらった人には、「トラブルが解決した」「年収が急増した」「理想の恋人ができた」「子宝に恵まれた」など、幸運に恵まれた人がおおぜいいて、インターネットでも大きな話題になっています。

そのハンコは、桃仙さんが長年研究してきた印相《いんそう》（人相、手相などと同じようにハンコの持つ「相」）・星の配置・気学《きがく》（占術の一種）・方位学・書体などの知識を総動員して作るもので、かつ、とてもかわいいデザインです。

「先祖からのメッセージがわかり、作るハンコは幸運を呼ぶ」

そんな桃仙さんの不思議な力の秘密は、子供時代にありました。実は、桃仙さんは子供時代に3度も臨死体験をされているのです。

桃仙さんは福岡県の炭鉱町で生まれ育ちました。5歳のとき、友達といっしょに石炭を運ぶトロッコに乗って遊んでいて、トロッコの滑車に左足を巻き込まれて大ケガをしてしまいます。病院に運ばれましたが、戦時中で薬がなく、塩水で消毒することしかできませんでした。

ひどく衰弱し、傷口から足が壊死《えし》してきたため、医者からは足を切断するしかないといわれました。しかも、命ももう長くはもたないといわれた桃仙さんのお母様は、「どうせあの世に行くのなら、足がついていたほうがいい」といって、切断を断ったそうです。

治療をやめることになり、かといって家に帰れる状態でもないため、一般病棟から霊安室へ移ってお母様は看病を続けました。

そのころ、桃仙さんは、夢うつつの中で美しい川のほとりにいたそうです。3メートル幅くらいの川の向こうには、たいへんきれいな女の人がいたとのこと。

「多分、観音様だと思う。金色に輝く体と、ニコニコとやさしい顔で立っていて、言葉は聞こえなかったけど、『大丈夫よ』という感じが伝わってきたよ」と桃仙さん。

引き寄せられるように川を渡ろうとしましたが、川底には藻のような細い草がたくさんあって、早くは進めませんでした。ようやく川の半分あたりまで来たころ、お母様の声が聞こえたそうです。

「戻ってこーい、つよし！　戻ってこーい！」と（つよしは桃仙さんの本名）。

その声に引き戻されるかのように、意識を取り戻した桃仙さんは、以後、奇跡的に回復して一命をとりとめました。すんでのところでこの世に帰ってきたのです。

この事故で、桃仙さんは一生残る足の障害を負ってしまいましたが、引き替えに不思議な力を得ました。人の死期がわかるようになり、人魂《ひとだま》を目にするようになったのです。

ハンコにふれた瞬間に先祖のことがわかる

2度めの臨死体験は小学4年生のとき、家族で行った海での出来事でした。桃仙さんにとっては生まれて初めての海水浴で、すっかり夢中になり、長く夏の日に当たっていたところ、熱中症になってしまったのです。三日三晩、高熱にうなされて意識がもうろうとなり、往診に来た医者から、「これで熱が下がらなければあきらめてください」といわれました。

しかし、医者から見放されたこのときも、お母様の呼ぶ声が聞こえて、意識が戻りました。

その後、髪の毛がすべて抜け落ち、再び生えてきたときには、髪質がすっかり変わっていたそうです。もとは固い直毛だったのが、ウエーブのかかった柔らかい髪に変わり、以後はその髪質の髪が生えるようになったとか。柔らかくウエーブのかかった髪は桃仙さんのトレードマークですが、それはこのときに生まれた髪というわけです。

3度めの臨死体験は、近所の製材所の木くずを集めた倉庫で友達と遊んでいるときに起こりました。友達とふざけているうちに取っ組み合いのケンカになり、首を絞められて意識がなくなったそうです。このときも、気がつくと桃仙さんは美しい川を渡ろうとしていて、お母様の声に引き戻されたとのこと。

臨死体験をするたび、桃仙さんは、違う世界からのメッセージを強く受け取るようになっていきました。ただ、そのときは、まだ子供だったので、ハッキリとは表現できなかったようです。

そのころ、お母様から「おまえは勉強して偉くならないと、足が悪いからお嫁さんをもらえないよ」といわれ、その言葉に猛烈に反応したという桃仙さん。

「母にすれば、足が不自由なので、『座ってできる仕事につかないといけない。それには勉強して偉くなることが必要』と考えたのでしょう。しかし、私は勉強ぎらいだったので、『勉強しないで偉くなって嫁さんをもらう！』と変な決意をしました。それ以来、『女の人にモテたい』という気持ちが強くなって、大人になってからも、そしていまも続いています」

その後、桃仙さんはお姉様の嫁ぎ先であるハンコ屋さんに弟子入りし、ハンコ職人をめざして修行に励みました。そして、座って仕事ができるハンコ職人になったのです。「嫁さんが欲しい」という願いもかない、近くで働いていたすてきな女性と結婚しました。それが現在の奥様です。

やがて、ハンコ職人として一人前になり、自分の店を持ったころ、お母様が失明してしまいます。そして、そのころから、ハンコというツールを介して、不思議な勘が働くようになりました。その後、お母様が亡くなると、桃仙さんの不思議な力は本格的に目覚めました。冒頭に書いたように、使っているハンコを見るだけで、その人や先祖のことがいろいろとわかるようになったのです。桃仙さんは「母親から目をもらった」と思ったそうです。

「そういったことは、ハンコにふれた瞬間に感じるね。感じるだけでなく、話すべきことが言葉として伝わってくることもあるよ。『こんなふうにいえ』と。僕にすれば『えっ、そんなふうにいうの?』という感じだよね」と笑う桃仙さん。

夜中にハンコのデザインを描くときにも、不思議な現象の起こることがあるとか。

「集中して仕事をしていると、寝ていないのに、眠ったような状態になって、フッと気がつくと原稿ができている。『あ、これは俺じゃないな』と思うよ。そのとき書いていた名字ではないのが出来上がっているから。原稿をめくると、その名字が2~3枚下にあったりする」

取材のとき、そばで聞いていらした奥様がおっしゃいました。

「多分、お母さんの力だと思います。ずっと、この人のことを心配していましたから。毎年、感謝を込めて、お墓参りには必ず行きますよ」と。つまり、あの世との通信によって、不思議な力を発揮しているということでしょうか。母の愛は、亡くなってからも連綿と続いているようです。

「野心や欲を持て」という先祖のメッセージ

さて、私自身のハンコも鑑定していただきました。

私のハンコをじっと見て、少しの間、やさしくなでていましたが、おもむろにいいました。

「自分の目的がハッキリしていない。いい人だけど、欲がないから。このままではやっていることがムダになる」と。

いきなりいわれてドキッとしました。私は、泣いて心身のデトックス（解毒《げどく》）をする「涙活《るいかつ》」や、離婚のさいのセレモニーである「離婚式」など、いろいろな企画のプランニングやプロデュースをしています。収益にはそれほどこだわらずにやってきたのですが、スタッフや協力してくれるみなさんのためにも、そろそろ本腰を入れて収益のことも考えるべきではないかと思い始めていたからです。

続いて、こうもいわれました。

「今日、私がこのハンコを見ている理由は、お母さんの実家。お父さんのほうは問題ないけど、お母さんの実家の跡取りが不安定だからです。それで、お母さんの実家の仏のめんどうを、あなたに見てもらいたいというのが、そのいきさつ」

確かに母の実家は跡取り問題で揺れているところなので、驚きました。

さらに、話は身体面に及びます。

「タバコは吸わないほうがいいよ。たぶん吸ってないはずだけど、もし吸っていたら大至急やめたほうがいい。呼吸器に負担がかかるから。一つ間違うと結核《けっかく》みたいになる」

実は、私は小学生時代までぜんそく持ちでした。成長につれて治ったものの、体調をくずすと呼吸器に出やすいのです。しかも、母方の祖母は呼吸器が弱かったという事情もあります。改めて、呼吸器を大事にしなければと思いました。

「お母さんの実家の先祖も『もうちょっとやれるだろう。おまえはそんなに安っぽくないんだ』といっているよ。とにかく、いまのままではムダになる。ムダにならない方法を考えるなら、そこには野心とか欲とかが必要だよね。でも、あなた自身は、そこに興味が全然ない。ぼちぼち自分の財産になるような生き方をしないといけない時期がきたんじゃない?」

なんだか心に刺さりました。

母親の先祖にそこまで心配されているとは思いませんでした。心配をかけないよう、もう少し野心を持ってみようと思います。

それにしても、母親の実家の事情から呼吸器のこと、私の仕事の課題まで、バチッといい当てられたのにはビックリです。

「不思議なハンコ屋さん」で、評判どおりの不思議体験をさせていただきました。

すべての人は生死によって
あちらの世界とこちらの世界を
行き来している

弁護士／医学博士
秋山佳胤《あきやまよしたね》先生

不食を実践する弁護士 秋山佳胤先生
どうぞ
おいしいコーヒーを出してくださいましたがご自分は飲み物も必要ないそうです
先日、普通のかっこうに革靴で北アルプスに登っちゃいました
もちろん飲まず食わずで……体力も半端ありません
先生すでにアセンションしているのでは!?
黒目がちの瞳が天使のよう
意識のチャンネルを合わせれば地上であってもそこは天国にも地獄にもなります
地獄……
そう、先生にはすごい臨死体験が……
司法試験に3回落ちて精神も肉体も疲労の極みに達していました
勉強しすぎで力尽き、体がドロドロに溶けていくような脱力感とともに脱魂
そして闇の世界へ……

深い暗黒の世界にたたずんでいた秋山先生
ここが地獄の1丁目か……
と、直感
そこは時間の概念がなく、闇が圧迫感を持ち、耐えがたい不快感が……
ひどい腐臭がする……
うごめく人々や異形の化け物たち
地獄の住人は裸ですか？
服装はまちまちでした。女性はみだらなかっこうで男性はだらしない服とか…
地上でも深夜のディスカウント店に出没しそうです
鬼や悪魔も入りまじり派閥を形成し、抗争
ギャー
常に銃声や叫び声、爆発音が響いていました
しかし しばらくしてみると、その中にも秩序のあることがわかってきたのです
親分子分の関係
ヤクザの世界のようですね

慣れてくると地獄はそれほど悪くないな、と思えてきました
私のまわりにも死んだら地獄に行ってみたい、という人がけっこういます
彼らいわく、天国はじっと座ってるだけでつまらない
それより化け物を見たほうがおもしろい、とか
地獄はいちばん下なのでそれ以上落ちようがないという安定感があります
地獄
すでに死んでるので死や病気も恐れる必要はありません
と、地獄の宣伝マンと化しつつある先生
けっきょく、地獄で開き直った瞬間、ゲートが開きこの世に戻ってこれたそうです
地獄を体験してから、悩みが消えて毎日幸せです
この事務所は皇居の近くでよい気が流れてきますし……
そして、話の流れで1時間くらい天皇陛下のすばらしさについて熱くトーク
国民をわが子のように思ってくださっていて……
ご奉仕に行くと本当に感動しますよ
地獄よりもつらい現世ですが生きる希望が見えました

「銀河宇宙連合」の主催による在日宇宙人・在日天使の会に出席

「愛と不食《ふしょく》の弁護士」として有名な秋山佳胤先生。2008年以降、家族や友人とコミュニケーションをとるために、必要に迫られて少量の食事をとることはあっても、基本的には一切の飲食が必要ないそうです。秋山先生は、あらゆるところにあるプラーナ（目に見えないエネルギー＝気《き》のようなもの）をとって生きていらっしゃるのです。大自然の中や太陽の光がそそがれるときほど、良質なプラーナが豊富なので、らくに過ごせて元気になれるといいます。

「そういう感覚は誰にでもあるでしょ」とこともなげにおっしゃる秋山先生ですが、食べないで生きられるとはビックリです。そう思っていると、「先生、もう宇宙人なのでは?」と、辛酸《しんさん》なめ子《こ》さんから直球の質問が……。

「それはなんともいえませんが、ちょうど先日、『在日宇宙人、在日天使たちによる地球 Love & Peace サミット』というイベントに参加しました」と秋山先生。「知らなかった。行きたかったです！」と辛酸なめ子さんが身を乗り出しました。このイベントを主催しているのは「銀河宇宙連合」で、秋山先生はそのお手伝いをなさっているとか。

「銀河宇宙連合は、映画『スター・ウォーズ』でいうと「ジェダイ評議会」のようなもので、いろいろなマスターがいます。メンバーは、みなさんご存じのイエス様やマリア様、ブッダやクリシュナ（ヒンドゥー教の神様）といった方々で、日本の倭姫《やまとひめ》様もそうです。このイベントの内容、場所、演者などを指示しているのは倭姫様です。そもそも地球人もみんな宇宙人です。それで、みんな天使なんですね。アニメ『ドラゴンボール』の歌にも「僕たちは天使だった」というのがあります」

『スター・ウォーズ』や『ドラゴンボール』が出てきてわかりやすい半面、なんだかのっけからすごい話です。

意識のチャンネルを合わせれば天国にも地獄にもなる

「いま、私たちは肉体を持って地上にいますが、こちらで死を迎えると向こうの世界に戻ります。向こうでは、こちらの世界に生まれることを『死』といい、戻ることを『生まれる』といいます。そして、向こうの世界にいるときは、みんな天使なんです。

地上ですてきな恋愛をしたいと思っている人を、向こうからサポートすることもあります。あの世とこの世は同じ次元にはありませんが、表裏一体で、お互いにないと存在できません。私たちは生と死で反転しながら、入れ替わり立ち替わり両方で生きているんです」と秋山先生。

この世の「死ぬ」は、あの世で「生まれる」こと。終わりは始まりということでしょうか。そう思うと、「死」への恐怖から解き放たれるような気がしました。

「この世でどうしても許せない人が、あの世に戻ったら大の仲よし」ということも多いそうです。調和も大切ですが、分離から学ぶことも多いので、あの世で「悪役やってね」とお願いしておいた間柄なのだとか。

「いい役はたのみやすいですが、悪役はたのみにくいですからね。悪役をたのめるのは、信頼できる親友だったりするわけです」

読者のみなさんのなかには、これを読んで憎たらしい相手の顔がフッと頭に浮かんだ人もいるのでは？　憎たらしい相手が、あの世では親友とは、ちょっと思いたくない人もいるでしょうが、ちょっとだけ見る目が変わるかもしれません。

秋山先生は、辛酸なめ子さんの漫画にあるとおり、司法試験の受験勉強で疲れ果てた時期に、しばらく地獄に住んでいらっしゃいました。

「そういう世界も、私たちがどこに意識を合わせるかで変わります。ときに子供がお化けを見たということがありますが、それは意識が〝お化けチャンネル〟に合っているんです。女の子が『お花畑で妖精と話したわ』というときは〝妖精チャンネル〟に合っています。ただ、お母さんが否定するとつながらなくなります。

意識のチャンネルを合わせれば、いまいるところが天国にも地獄にもなります。私も、あの時期は〝地獄チャンネル〟に合っていたのだとつくづく思います」

「不摂生《ふせっせい》で死にかけました」と笑いながらも、「死にかけもある意味、浄化です」と秋山先生。確かに今回の取材でも、臨死体験のある人たちは、それをきっかけにある種の能力に目覚めたり、心身が強化されたりすることが多いようです。

「ほら、スーパーサイヤ人がそうでしょ」と秋山先生。スーパーサイヤ人は、『ドラゴンボール』に登場する宇宙人で、瀕死《ひんし》の状態から回復することにより戦闘力が大幅に上昇します。

「あっ、私も先日、インドで熱中症になって運ばれました」と辛酸なめ子さん。「そういえば、あれから体調がよくなりました」とのこと。ちょっと危ないですが、究極の健康法かもしれません。

それにしても、お話に『ドラゴンボール』が頻繁《ひんぱん》に出てきます。

「アニメや子供向けの作品は子供の人格形成に作用するので、宇宙のサポートが入っています。悟空《ごくう》（『ドラゴンボール』の主人公）の必殺技「元気玉」は、集合意識のことですね。映画監督のジョージ・ルーカスも、一連の『スター・ウォーズ』シリーズは、世界の神話をもとにしたといっています。それを子供たちに伝える意味があるからです」

これからは、アニメや映画を見る視点も変わりそうです。

大切なことを広く知らせる「ライトワーカー」として地球に来た

秋山先生は弁護士であるとともに医学博士であり、ホメオパス（ある病気に近い症状が現れるものを投与し自然治癒力《しぜんちゆりょく》を引き出す療法「ホメオパシー」の専門家）でもあります。国内外からさまざまなことを相談しに来られる人も多いとか。そのさいには、相談者や問題の本質を見ながら相談に応じていらっしゃいます。

そんな秋山先生に、私について感じるところを教えていただきました。

「ライトワーカー（地球人を助けるために生まれたとされる光の仕事人）であり、肉体はまだ若いですが、スピリットはベテランで、この地上に来たのも、いろいろなメッセージを伝え、人を導くリーダー的な役割をするためです」

思わず「へえええ」と声をあげてしまいました。

「広樹《ひろき》さんというお名前は、〝樹〟にも広いという意味があるので、たいへんな広大さを表します。人々に必要なことを広く知らしめるミッションを持っているんですね」

思わず両親への感謝が湧きましたが、「名前は自分自身が選んで生まれます。魂《たましい》の青写真であり、人生の設計図です」とのこと。この機会に読者のみなさんも、ご自分の名前について、ぜひじっくり考えてみてはいかがでしょうか。

「そんな大それた使命があるとは思っていませんでした」というと、「大それた使命なんて思う必要はなくて、自分らしいことを楽しくやるだけでいいんですよ」とのこと。

秋山先生が、アマゾンで撮影なさった美しい天の川の写真を見せていただきました。「熱帯雨林で電気のない村だったので、周囲が真っ暗できれいに撮れました。闇が極まると光が際立つんです。この写真は国立新美術館と東京都美術館にも飾っていただいています。２０１５年にブータンの国王にお会いしたときには、プレゼントさせていただきました」とのお話に、またビックリ。私も２０１４年に初めてブータンに行き、大好きになって、いまブータンの研究をしています。シンパシーを感じるとともに、ブータンに強くひかれるのも、魂の導きなのかなと思いました。

「地球は２万６千年の周期において、２０１２年まで分離の時代でしたが、その後、統合の時代に入りました。前後３年半ずつが移行期で、２０１６年の夏至《げし》に、本当に新しい時代が幕を開けたのです」と秋山先生。

もう、地球が滅亡する心配はないそうです。「地球が惑星レベルでアセンション（次元上昇）することは宇宙の決定事項で、失敗しようがない」とのことです。

いまも戦争をしているところがあるのは、「最後の掃除」だといいます。

「そんなに遠くない将来にこの地上も、争いが一切ない平和な楽園になるというビジョンを私は見ています。私たちの住む場所そのものが天国になるのです」

それがいつかは、私たちの集合意識で決まるとのこと。

「この大切な時期に、寺井さんや辛酸なめ子さんと出会えたことに意味を感じます。この地上をどんな楽園にするかは、いま生きているすべての人が話し合って決めていくことです。ぜひ、読者のみなさんもいっしょに考えていきましょう」

先生がきれいな瞳で見つめながらおっしゃったので、あの世に戻るその日まで、「自分もできることをがんばろう」と思いました。

死は肉体という「地球服」を脱ぐだけ 学びのために次の課題を持って生まれ変わる

ヒーリング・アーティスト
松尾《まつお》みどり先生

ヒーリング・アーティスト 松尾みどり先生
子供のころから不思議な体験がありました
体外離脱、離死体験 宇宙体験までされている 離脱上級者です
多感な少女時代、木からほとばしるエネルギーや、太陽に文字が浮かんで見えたとか
死んだあとの世界はどうなってるんだろう
行ってみたい……
と女子高時代は死への好奇心が
そんなこといったら引き寄せちゃいそうですね
そうですよね
あれは16歳のとき、交通事故に遭いました……学校帰りの坂道、フルスピードのバイクが突っ込んできたんです
衝撃を受けたとき、「熱い」って思いました
そこからトルネードみたいにブワーッって上がって出ちゃったんです
感情も何もない静かな状態で上空から自分の体を見ていました
上にいるのが本当の自分という感じです
事故の経過がスローモーションで見えました
早めに体外に出ればそんなに痛みを感じないのでしょうか

上空から自分の体を見ていたら……
スカートが破れてお尻が見えてるわ
恥ずかしさがめばえたとたん、体に戻ったそうです
ヒュ〜
イタタタ…
不思議なことに大きなケガもなく念願の死後の世界をかい間見ることができました
さらに宇宙体験もされてるそうで……
27歳のとき洗濯物を干していたら巨大な葉巻型UFOが現れたんです
うわーすごい
途中洗濯物を取りに行って……
えっUFOが出ているのに?!
まだいるわ〜
しばらくしてジグザグに飛んでいきました
それからたまに宇宙人からメッセージがきたりしました
ホログラフィックスクリーンに映像が浮かんで……
スターウォーズの世界ですね!
宇宙人とのチャネリングでわかったことは…
◦宇宙人には病人・ケガ人、太っている人もいない ヒューマノイド形はみな美形で見た目20代
地球人が並んだら公開処刑状態です
◦最終的に地球からガンはなくなる 胸のチャクラがキー
◦地球は実験場 いろいろな種類の宇宙人が来ている
一度、地獄を見せてもらったことがあります
地下の暗い部屋に数限りなく棺桶が並び、人々が自分から入っていきました
21世紀の地獄はシンプルですね

さらに臨死体験があるんですよね？
はい。49歳のときです。心臓が調子悪かったんです
痛みに耐えながら福岡の田舎の病院に行くと……
近所の高齢者のたまり場状態
田中さん最近見ないね〜
病気なんじゃないの？
うっ…… 苦しいけどおかしい……
そんな小話のような会話が実際に……
笑って少し持ち直したそうですがまた悪化
看護師さんに点滴を間違えられ、心停止してしまいました
足が冷たくなって足の先から死んでいくのがわかったんです
あらゆるエネルギーが胸腺に集まり、松果体を通って頭から出るときポーンって音がしました
ポーンッ！
シャンパンを開けたときのような……景気いいですね
苦しくはなかったですか？
死ぬときは極端に眠いんです。起こさないで〜って感じ。スーッと潮が引く感じで逝きます
レインボーのらせんの中、回転して吸い込まれて真っ青な世界へ……そのあとこの世に引き戻されましたが……
それはよかった……です
死ぬのはすっごーい気持ちいいですよ 悲壮感は全然ありません
楽しみになってきました
体から魂を放出するのは最大のエクスタシー
逝く〜
その快感をまた体験したくて、人は生まれ変わってくるのかもしれません

部屋に差し込んだ光に包まれて宇宙に飛翔

幼少時から数多くの不思議体験をされてきた松尾みどり先生。子供のころは、太陽の中に文字が見えたり、空気中にプラーナ（目に見えないエネルギー＝気《き》のようなもの）が飛んでいるのが見えたり、木々がさまざまな色に見えたりしたそうです。

その後も体外離脱（自分が肉体の外に出ること）などの体験をされ、高次元の意識体とコンタクトできるようになり、宇宙、地球、人体などの真理にふれて「意識の科学」を研究するようになりました。現在は、その成果を生かしてヒーリング・アーティストや健康アドバイザーとしてご活躍中です。

そんな松尾先生のお話は、驚きの連続でした。

「宇宙では、地球の常識では考えられないことがたくさんあります。それで私は、まとめていうときは『地球の常識は宇宙の非常識』と説いています」という松尾先生。

まさに、そのフレーズが実感できるお話でした。

16歳のときに体外離脱をし、26歳のときに巨大ＵＦＯを目撃して、宇宙からのコンタクトに応じて交信するようになり、49歳のときに臨死体験……。それらは辛酸《しんさん》なめ子《こ》さんの漫画にあるとおりですが、ほかにも、27歳のとき、突然、宇宙に連れていかれるという体験をされています。

「部屋に座っていたら、上空からものすごい光が差し込んできて、その光に包まれた状態で垂直に上空へ吸い上げられました。そのままとてつもないスピードで地球を離れ、宇宙を飛翔していったのです」とのこと。

肉体もいっしょに行ったのか、意識だけが行ったのかが気になります。おたずねしたところ、「それを私も知りたいんです！」と意外な言葉が返ってきました。

松尾先生は16歳のときに交通事故で体外離脱を体験されていますが、体外に出て意識体になると、視覚以外は聴覚も皮膚感覚も働かず、ただ静かでおだやかな状態だったといいます。

ですから、27歳のときも、意識体だけが宇宙に行ったのなら、皮膚感覚はないはずです。ところが、宇宙を移動するときに皮膚で風を切る感覚があり、その感触はいまもありありと覚えているそうです。

「そのことから『肉体を伴《ともな》う移動だったのか』とも思いますが、考えてもわかりませんし、考えると怖いので、そのままにしています」と松尾先生。

確かに、肉体のまま、乗り物にも乗らず宇宙を飛翔するなど、考えただけで恐ろしい話です。しかし、それこそ「地球の常識は宇宙の非常識」であり、高次の宇宙人からすれば、難なくできることなのかもしれません。

ともあれ、すごいスピードで時間も距離もわからないほど飛翔を続けた松尾先生は、やがて楕円形をしたサッカー競技場のような巨大な会議場の真ん中に降り立ちます。観客席にあたるところには、おおぜいの宇宙人が座っていました。

松尾先生が見たのは、すべてヒューマノイド型（人型）の宇宙人で、地球人に似ていたものの、肌はゼリーのようなきれいな半透明だったそうです。

会議場の上空は巨大なスクリーンで、星々の遠景や近景が映し出され、地球が映ったときには、会場にいる宇宙人たちが、熱意を持って見ているのが伝わってきたといいます。

松尾先生はそこで地球文明や人間のあり方や未来に関する情報を受け取り、瞬間移動で地球に戻ってきたそうです。

昔より生まれ変わるサイクルが早くなっている

その後も、松尾先生は折りにふれて宇宙と交信されています。松尾先生の場合、最初は宇宙から一方的にコンタクトがあるとのこと。「家族や友達といっしょだったり、仕事や家事の途中だったりして困らないのだろうか」と思いましたが、そこは高次の宇宙人の采配ですから、最適なタイミングでコンタクトしてくるようです。

そんな宇宙との交信や臨死体験をされた松尾先生から見た「死」や「あの世」はどんなものでしょうか。

「肉体は、いわば『地球服』で単なる器です。体を抜けたら痛みも恐怖も何もなく、おだやかな静寂があるのみです」

肉体が単なる服なら、それを着ている中身は？　松尾先生の説明によると、肉体は

目に見える3次元の存在ですが、それを着ている中身は、4次元の霊体や5次元以上の多次元の存在である光体で、それらが一体になって私たちは存在しているとのこと。

「死とは、服を脱ぎ裸になってお風呂に行くようなもの」だそうで、本体である魂《たましい》や霊体や光体は、そのまま存在するのだといいます。

「そして、早ければ、本当にあっという間に生まれ変わります。時間がかかる人もいますが、最近は、昔に比べて転生《てんせい》までの間がすごく早くなっています。前世《ぜんせ》での学びをもとに、また今生《こんじょう》のテーマを決めて、思い込みによる「恐れ」を解放し、地上での生活を楽しむために生まれてくるのです」


これまでの何百回、何千回という過去世《かこせ》（過去生《かこせい》）にかかわる情報は、すべて潜在意識にプールされているそうです。しかし、この世に生まれてくるとき、過去の記憶をいったん消されます。ただ、過去世での自分がどう生きてきたかを間接的に知るために、地球では家族という制度をつくり、その一部をお互いに投影して見せ合うことで、魂の本質に気づくように設計されているといいます。

「大昔、私たちの祖先は、自分たちが見える世界を人間界とし、見えない存在を『神』

と名づけました。見えないものはすべて『神』であり、それは愛とか宇宙エネルギーとかとも呼び換えられます。死んで地球服を脱ぎ、見えなくなった私たちは神と一体です。

それは完全な存在ですが、あえてさらなる学びのために、地球服という不自由な服を着て地球上に生まれます」

地球は、さまざまな宇宙人にとっての実験場でもあるそうです。

「高次の宇宙人には、病気もケガも老化もありません。ヒューマノイド型であれば、みんな20歳代くらいの美しい体をしていて何の苦痛もないのです。だからこそ、あえて病気やケガや老化のある地球に、さまざまな体験をしに来るのです」

地球の一つの魅力は、「感情」があることだといいます。

「感情があるゆえに、文学やドラマ、映画や音楽が楽しめるし、日常生活の中でも、ポジティブかネガティブかを問わず、さまざまな体験ができて学びにつながります」

そのため、すでに数多くの星の宇宙人が地球に来ており、その体験を各々の星に持ち帰っているそうです。もしかすると、すぐ身近に宇宙人が変装した人がいるのかもしれません。

同時に、生まれ変わりを待つ霊体＋光体でできた人々もそばにいるのかもしれないと思うと、この地球は、私たちが認識している何倍もの存在で満ちていることになります。明日から、周囲の空間や隣の人を、そんな目で見てしまう自分がいそうです。

あの世で問われるのは「私が私に何をしたか」だけ

現在、松尾先生のセッションでは、その人の過去世も見ながらさまざまなアドバイスをされているそうです。

「なぜ過去世を知ることが大事かというと、そこにその人の『思考、想念、感情のパターン』があるからです。よくカルマとか業《ごう》とか因縁とか、おどろおどろしいいい方をされますが、それはすべて人間が作ったイメージで、どの言葉も『思考パターン』という理解でよいのです」

そこで、私の過去世、つまり思考パターンを見ていただきました。

「寺井《てらい》さんは過去世を通じて、本当にがんばり屋さんで努力家です。男性のときも女性のときも、どの人生でも耐えることが常習的で、人のために人一倍、人のいないところでも働き、勉強もしてきました。ただ、努力の割に結果が出ないことで、ずっとつらい思いをしてきたようです」

なぜ努力の割に成果が出ないかというと、「この道を選んだら途中で変えてはいけない」と思うらしく、行き着くところまで行ってから「あっ、違った」と、すべて破棄して別の道を探すことをくり返してきたため、やったことが成果に結びつきにくかったそうです。

「あなたは、今生でも学者のように、いろいろな勉強や研究をしておられますね。それで、今回の人生としては、自分が感じて自分が選んだら、失敗を恐れずにやること。臨機応変に、途中で自由に方向転換をしてもいいと思って、楽しみながら進むといいと思います」

さらに、こんなお言葉もいただきました。

「あなたは本当に、すばらしいすてきな人で、いろいろ心配されるかもしれませんが、衣食住に困ることはまずありません。できるだけ人が集まり、情報が集まるところにいれば、必要な物事が生じ、お金も入ってくる。そういう場所にいると、非常にバランスがいいですね。そして何もないところから出発して、自分の世界をつくるというのが、あなたの今回のプログラムのようです。過去世からの情報ではそうなっています」

確かに私は、企画を思いつくとひとすじにといいますか、実現に向けて突っ走るところがあります。自分で自分にルールを課すようなところがあり、いわれてみれば、臨機応変さに欠けるかもしれません。

ただ、「何もないところから出発して、自分の世界をつくる」というのが今生のテーマなら、離婚のさいのセレモニーである「離婚式」にせよ、泣いてストレスを解消する「涙活《るいかつ》」にせよ、まさにそのとおりですし、ほかにもいろいろな企画をゼロから立ち上げています。さまざまな企画を考えて実現させるのが大好きで、その過程のワクワク感にひかれるのは、それこそが自分の今生の課題だからかもしれません。

読者のみなさんにも、「理由はわからないけれど、強くひかれる」「やらないではいられない」ということがあるでしょう。それは、今生のテーマだからかもしれません。「現在の情報では、寺井さんは40歳のときに転機があり、まったく違う人生になります。ただし、40歳を待つ必要はなく、すぐ自分で変えようと意識すればその時期は早まります」とのこと。

松尾先生のお話でとくに印象深かったのは、「あの世で問われるのは『私が私に何をしたか』だけ」という言葉です。

あの世では、人に何をしたか、悪いことをしたか、善行を施《ほどこ》したかが問われるとよくいわれますが、そうではなく、「自分が自分にしたこと」こそ大切だというのです。

そこで重要なのは、自分の「直感・言葉・行動」を一致させることだそうです。つまり、「自分の感じるありのままを言葉にし、さらに行動にも移す」ということです。「すると、恐れがゼロになってバケツの底が抜けたみたいに気持ちよく、スコーンと抜けますよ。それが自分を大切にするということであり、あの世でのステップアップにもつながります」と松尾先生。

「人と情報が集まるところ」で、自分の気持ちに正直に言動しつつ、ますますおもしろい企画を実現させようと決意を新たにしました。

人にはおおぜいの守護霊団がついていて究極の親心で見守っている

アカシックレコードリーダー
如月《きさらぎ》マヤ先生

アカシックレコードにアクセスできる如月マヤ先生は知的な美女
すべては一つなんです
この円のように自他の区別がないワンネスです
如月先生によるとこの円の内側が"魂の源"
みんなまざっている
この中で人生のだいたいのシナリオを決めてきています
源からの情報がアカシックレコードなのだそうです
そういえば昔誰か霊能者がアカシックレコードは明石にあるからアカシックレコードっていってたけど……
霊格の高い如月先生にはとてもそんなダジャレめいたことはいえませんでした
源の自分に照らし合わせて軌道修正することで死に方の質もUPします

私がこの年で死生観を語るのはおこがましいですが……
もし今日で生を終えても一切悔いないです
と、達観されてます
私にとってこの円の境目は希薄です
そんな如月先生にも臨死的な体験が
心不全でした
これは死ぬなって痛みがあって気づいたら草原にいたんです
そこには小指の先くらいの細い小川が
チョロチョロ
細すぎ！
たぶんそれは如月先生だから……
現世に執着がある人や欲深い人生だった人は太くて急流の三途の川で渡し守にチップをあげないとならないのでしょう
でも細いながらも深くてこちらと向こうは完全に分断されていました
あの世
この世

わ〜きれい
死ぬってこういうことか
と、渡ろうとしたら
向こう岸でもめている方々が
まだ早いよ
でもどうせこっちでも向こうでも同じことやるんだし……
いやいや向こうじゃないとできないことが
もしかして…守護霊様たち？
私のためにもめないで〜!!
少女マンガ的シチュエーション
私のためにケンカしないで！
如月先生は恐縮し……
すみません…私ごときに…お恥ずかしいです
ちょっと、あの…それは……
ズリズリ
と、あとずさりしていったら、
シュルシュル
パチッ
そのまま現世に戻って生き返ったそうです
よく「いい人は早死にする」といわれますが……
「いい人すぎると生き返る」という法則が存在することを知りました

守護霊団と自分はエネルギーの傾向が共通した「一族」

「アカシックレコード」。言葉は知っていましたが、どんなものかは漠然としか知りませんでした。過去から未来までの宇宙の全情報が記録される「意識界のデータバンク」のようなものだそうです。

地球だけでもすごいのに、宇宙のすべてとは、とてつもない情報量です。そこから、必要なときに必要な情報を読み取れる人が「アカシックレコードリーダー」で、如月マヤ先生はその第一人者です。

幼少時から、無意識のうちにアカシックレコードにアクセスしてきたという如月先生。現在は、アカシックレコードの読み方を指導されるほかにも、「守護霊と交流するワーク」や「魂《たましい》にふれるワーク」などを行っていらっしゃいます。

自分の魂を体感するワークでは、自分が死ぬところまで意識を飛ばしていき、悔いのない生き方のヒントをもらって帰ってくるといったこともされているそうです。先生ご自身は、実際の臨死体験もされています。

如月先生のお話でビックリしたのは、守護霊は1人や2人ではなく、無数の存在でできた「守護霊団」だということです。あらゆる時代・あらゆる地域の人間に加え、動物や宇宙人なども含まれているそうです。

「自分の後ろに延々と続く行列をなしているイメージでとらえればわかりやすいでしょう」とのことでした。思わず後ろを振り返りそうになりましたが、「いわゆる『見える人』でも、自分の守護霊はなかなか見られない。振り向くと、その瞬間に自分の視線の後ろ側に行くから」とのことです。

「守護霊ワークをしたときに、よくいうのですが、自分と自分の守護霊団とは、エネルギーの傾向が共通した一つの『族』。いっしょの材料でできているヨウカンみたいなものだと思ってください。でっかいヨウカンですね。その先頭にいるのが自分です」と如月先生。

その守護霊団は、私たちが今生《こんじょう》で生まれることが決まってから、メンバーが選ばれ、「究極の親心」で私たちを見守ってくれているそうです。

究極の親心とは、「その子に手出ししないで、生きていく力を見守る。学びのポイントで本人が気がつくかどうかを見て、いちばん必要なところで出てくる」ことだといいます。確かに、サポートされるだけでは、成長や学びがないでしょうから、本当に助けが必要なとき以外は、手出ししないで見守るのが本当の親心なのでしょう。

メインの守護霊は大陸に生きたアジアの文人

守護霊団のなかから、そのときどきでふさわしい人がメインになり、自分のすぐ後ろに来て見守ってくれているそうです。

そこで、いまの私のメインの守護霊様を見ていただいたところ、「背の高い人で、寺井《てらい》さんに似た雰囲気を持っています。直接のご先祖様ではありませんが、はるか遠い血縁にあたる人です」とのこと。以下、如月先生が、私の守護霊様と話しながら、内容を通訳してくださいました。

「大陸に生きたアジア人で、現在の国境でいうと、中央アジアから東アジアにいて、時代の節目を生き抜いてきたそうです。いまの日本人の感覚でいうと『文人』というふうに思ってほしい。筆で文字を書くことが好きだとおっしゃっています」

ここでドッキリ！　私は27歳のときに会社を辞め、少し遅めの自分探しをしようと世界放浪の旅に出ました。その旅の初めに出合い、強くひかれたのが、文房具屋でペンなどの書き味を試す目的で書かれた「試し書き」だったのです。

そんなものに、なぜ強くひかれるのか、自分でも不思議でしたが、「試し書きは無意識のアートだ。これを集めたい！」という心の叫びがあり、その旅でも、旅を終えてからも、試し書きを集め続けています。そのなかには、筆の試し書きもたくさんあります（書道は日本だけでなく、中国やエジプト、トルコなどでも行われています）。「筆で文字を書くのが好き」という言葉を聞いたとき、集めた筆の試し書きがパッと頭に浮かびました。その守護霊様の生きた時代だから筆といわれたのであれば、「筆記用具」とも解釈できます。自分が試し書きに、ここまで強くひかれることの根源にふれた気がしました。

如月先生による守護霊様の話は続きます。

「文人といっても、労働もしていた。書物に囲まれるような、アカデミックな雰囲気の中に身を置くことが好きだったといっています。そして、常に自分から世の中を動かしていきたい、何かを伝えていきたいという気持ちがあったと。現代でいうと、『導く』と『動かす』の中間のニュアンスですね」

私は、結婚式の反対の「離婚式」、積極的に涙を流して心身をデトックス（解毒《げどく》）する「涙活《るいかつ》」など、さまざまな企画を世の中に送り出してきました。それらによって、従来の常識を打ち破り、らくに生きられる人がふえてくれたらという思いがあるので、守護霊様のいわれることが胸に落ちました。

「守護霊団のなかで、いま、なぜ自分が担当かというと、『間違えないように見張っていますす』といっています。寺井さんご本人が、どこを間違える可能性があるのかときくと、『自分は純粋に雰囲気が好きだったから、アカデミックな環境に身を置きたかった。自分が他人よりすぐれているという優越感、我欲《がよく》を満たすためにそうしたかったわけではない。あなたは、そういう間違いを犯していないか』といっています」

「思い当たるところ、ありますか」と如月先生にきかれ、もしかすると、こういうことかなと思いました。

プランナーとして、さまざまな企画を世に送り出すとき、人に役立ててもらいたいという気持ちでやっていますが、同時に、より大きな話題になる企画にしたいという気持ちもあります。話題にならないと、人に知られず、役にも立てないからですが、そのことと「ウケる企画にしたい」という我欲とは、一体になっていて自分でも区別がつきません。そこに釘をさされているのかなという気がしました。

そこで間違いを犯さないか、自分が意識することで、私がしたい仕事の完成度が高まっていくことに気づき、守護霊様の親心に感謝の念が湧いて、思わず後ろを振り返って手を合わせました。試し書きに書かれている言葉は、守護霊様からのなんらかのメッセージのようにも思えてきます。

本書のプロジェクトも守護霊によって見守られている

私からも質問してみました。

「失礼ながら、その守護霊様は、好き好んで私を選んでついてくださったのでしょうか」

この質問には如月先生ご自身がお答えくださいました。

「人間的な感情で好んでつくのではないですね。先ほどいったように、同じ傾向のエネルギーだからです。『こういう傾向でもっとやりたかった』という守護霊が、それを実現しそうな人間につくことも多いのです。彼らは物理体を通してしか体験できませんから。この世界での親だってそうですよね。自分が体験したかったことを、子供を通して疑似体験したりします」

そういわれると、自分と守護霊様が一つのチームのように思えてきました。

「寺井さんの守護霊はこうもいわれていますよ。『いまのあなたの心の状態、あり方について、観念的に思っていることと、実際に仕事を通して体現していくことの間にまだズレがある。自分の魂に忠実になりきれていないところがある。そのズレを修正して完全に合致したら、よりよいものを伝えていける。そこにきたら、自分は必ず手助けする』と。

寺井さんの仕事全般についてでもありますが、制作中のこの本について、とくにそうおっしゃっているようです。このプロジェクトの守護霊という意味もあるようですね」

つまり、本書のための守護霊でもあるというのです。なんとありがたいことでしょうか。今回、12人の先生方にお話をうかがいましたが、いちばん最初が如月先生でした。本書のインタビューの最初が如月先生で、守護霊様の言葉が聞けたことに大きな意味を感じました。

自分の魂の声に、より忠実になって、よい本にしたいと強く思いました。

ところで、ここで辛酸《しんさん》なめ子《こ》さんからユニークな質問がありました。

「私にはイルカの守護霊がいたはずなんですが、偽者と入れ替わったかもしれないので、見ていただけませんか」

守護霊には動物もいるそうなので、イルカでも不思議はありませんが、偽者とはどういうことでしょうか。よく聞けば、こういういきさつがあったそうです。

「以前、チャネリングしてもらって、高次元のイルカが1頭いるといわれ、ずっとそのイルカと仲よくしているつもりでした。ところが、先日、飛行機の中で夢うつつのときに、『俺は偽者で、実はイルカショーに出ているイルカなんだよ』と耳元に語りかける声が聞こえたのです。それで、イルカの守護霊が、偽者に入れ替わってしまったのかと……」

如月先生によると、辛酸なめ子さんの守護霊として2頭のイルカがいるそうです。入れ替わったというより、もともと2頭いて、そのときの自分のあり方や自分のエネルギーの振動数により、いちばんマッチする存在とつながるのだそうです。

「有害な存在と替わったり、自分の意識を乗っ取られたりしたわけではないので安心してください。イルカは、集団意識的なもののイメージとして見えることもあります。人間の脳は簡単にいじれるので、耳元で聞こえた『偽者』や『イルカショー』という言葉を、そのままの意味で解釈できるかは疑問ですね。とりあえず忌《い》むべき存在とはとらえないで、『気に入ったらときどき遊ぼうよ』というくらいでいいのではないでしょうか」とのことでした。

ゲイのイルカがいることは、辛酸なめ子さんのご著書『霊的探訪　スピリチュアル・

レッスン』（角川書店）を読んで知っていましたが、イルカの守護霊の偽者が現れる体験をするとは、改めてドルフィン・ラブを感じました。

あの世を考えることはこの世の生き方を考えること

如月先生のお話全体を通じて、とても印象的だったのは、「魂の体感」という言葉が頻繁《ひんぱん》に出てきたことです。「魂の体感に沿ったあり方」「魂の体感において生きる」などです。

人間は、一人ひとり違う「個」の存在ですが、その根っこの魂は共通でつながっているといいます。つながっている魂の源《みなもと》は、ごった煮のスープのようなもので、タマネギもニンジンもジャガイモも区別ができないほど溶《と》け込んでいます。しかし、仮にその映像を逆回転すると、しだいにタマネギやニンジンやジャガイモの姿が現れます。そんなふうに、共通の魂から、個である人間が生まれているというのです。

ですから、「個」でありながらも、スープの中で果たすべきタマネギの役割やニンジンの役割があるわけです。それがわかったうえで生きるのが、「魂の体感に沿ったあり方」であり、そのように生きていれば、自分は全体の中にジグソーパズルのように収まるそうです。多くの人がそう生きるほど、よりよい世界が構築されていくといいます。

人は今生の生を終えると、エネルギー体として共通の魂に戻ったあと、いずれまた、肉体を持つ物理体として生まれてくるそうです。しかし、「この体のこの人間でいられるのは今回だけ。そう思うと、生きるエネルギーの1滴1滴、ときの一瞬一瞬が愛おしくなりませんか」という言葉も胸に響きました。

「今回の企画ですばらしいのは、本来の生き方を見失った人に、それを思い出してもらうヒントになるだろうということ。どう生きるかは死を考えるしかありませんからね。メメントモリ（「死を想え」を意味するラテン語）という言葉もあるように」と如月先生。

お話をうかがって、自分の守護霊のことも教えていただき、「あの世を考えることは、この世の生き方を考えることなのだ」と深く感じました。これまで、「死」は、いま生きている自分とは別世界にあるものだととらえていましたが、そうではなく、死を考えることが生を輝かせるのだとわかりました。生きているエネルギーの1滴1滴を、大切に生かしていきたいと思います。

第２章

「あの世」と「この世」を自在に行き来する人たち

死後の世界には誘導瞑想で誰でも行けて迷っている魂の救出もできる

死後探索メソッド開発者

ブルース・モーエンさん

死後探索のプロ、ブルース・モーエンさん
ワークショップでは「リトリーバル」といって亡くなった魂を救出する活動も行っています
以前参加させていただき、道でさまよってるおばさんを救出しました
ヘルパー（守護霊）
モンロー研究所によって死後の世界は「フォーカスレベル」として表わされています
自由に存在できる
フォーカス27
信念体系領域
フォーカス24〜26
孤立したとらわれの世界
フォーカス23
リトリーバルではヘルパーといっしょに魂をフォーカス27に連れていきます
24〜26には宗教の信念体系によって「天国」が作られています
信者が信じているように、それらの天国では食べ物や服、住まいは無料です
最高ですね
でも、それは本当の天国ではありません…人々の信念によって作られた「天国」です
私は探索したことあります
すごいですね

モーエンさんはその「天国」の住人に、本当の天国じゃないと教えたことはありますか？
う…
イエス…
私には、もう亡くなってしまいましたがジムという友人がいました
彼はキリスト教系の「ホーリーローラー教」の厳格な信者でした
信者が教会でゴロゴロ転がる宗教です
生前ジムは……
ブルースは悪魔の手下だ。地獄に落ちるぞ！
といっていました
その時点でもう友達じゃないのでは……
So, ジムdied…
モーエンさんは死後の世界にジムを探しに行きました
ジムはホーリーローラーヘブンにいるわよ
ジムの妻 エリサ（故人）
といわれて行ってみると……
ハロージム
ここは天国なのかい？
そうだよ！
おかしくない？ここが本当の天国だったら悪魔の手下は入ってこられないはずだよね
……
ジムのまわりの世界が揺らぎました
いや、信じないぞ
ジムに疑問の種を植えつけることができました
それからしばらくしてジムはホーリーローラーヘブンから抜け出せたそうです

天国の反対、地獄も人々の信じる想念によって形作られています
子供のころ家族が入っていたルター教の地獄を見たことがあります
煮えたぎる溶岩に腰までつかる地獄でした
仏教の釜ゆで地獄もありそうですね
なるほど
無宗教の人のほうが固定観念がなくてよいかもしれません
いままで行ったなかでいちばん怖かった地獄はどこですか？
泥棒地獄です
そこでは老若男女誰もが泥棒です
泥棒のスキルを磨き、お互い盗み合ってます。犯罪のスケールでヒエラルキーもあります
NOポリスマン
警官のかっこうをしてても泥棒です
すべての泥棒が行くわけではありませんが、泥棒地獄は強い磁気を発していて、泥棒は引き寄せられます
なぜかちょっとひかれるものが…
泥棒地獄の底には、盗みのためなら何百万人殺してもいいという魂が存在しています
彼らは無条件の愛を感じる能力もほとんどありません。まだコソ泥のほうが愛があります

あまりにも凶悪な魂は、灰色のもや状になり、バラバラになって消えてしまうそうです
ヒュ〜
完全消滅です
でもそんなことはめったにないので安心してください
私たちの意識体の粒子をつなぎとめる接着剤は、無条件の愛です
愛する気持ちを育みましょう
偽の「天国」や地獄があって…死後はいったいどこに行けばいいのでしょう
「どこに行く」というものではありません
すべては意識の領域内に存在しています
行くとしたら、自分を生み出した大いなる存在の源に帰って統合されるのが最終点でしょうか……
死ぬときもヘルパー（守護霊）が導いてくれるので心配ないそうです
私のヘルパーは何人もいますが、なかには超美人で魅力的な女性がいます
モーエンさんの奥様
……
多分死んだら「すべてが無料」の偽「天国」にハマってしまう自分の姿が目に見えます
そこは違いますよ
モーエンさんがきっと教えてくれることでしょう……

人間の死後に強い好奇心を抱いて探究を始めた

この世にいながらにして死後の世界に行くことは、たまたま臨死体験をしたり、特殊な装置や技術を使ったりして可能になるのであり、「誰にでも気軽にできるわけではない」と多くの人は思っています。

ところが、その死後探索を、「誰でも気軽にできますよ」といい、実際にその方法を指導している人がいます。死後探索メソッド開発者のブルース・モーエンさんです。

モーエンさんは、「死後、人間はどうなるのか」ということに強い好奇心を抱き、探究を始めました。アメリカのヴァージニア州にあるモンロー研究所で、ヘミシンクの滞在型プログラムにも参加しました。

ヘミシンクとは、音響効果を利用して変性意識状態（通常の顕在意識《けんざいいしき》とは違う意識状態）をつくり、体外離脱や死後の世界への移動を可能にする技術です（くわしくは100ページを参照）。モーエンさんは、日本のヘミシンク普及の第一人者である坂《さか》本政道《もとまさみち》先生との共同探索も行っています。

ヘミシンクの探索を続けるうち、モーエンさんは、死の世界の探索や魂《たましい》の救済（リトリーバル）など、誘導瞑想《めいそう》によってもできるということを突き止めました。誘導瞑想とは、リラックスして瞑想しながら、誘導に従って、死後の世界に入っていく方法です。

ワークショップではモーエンさんが誘導しますが、その方法や言葉はモーエンさんの著書（『ブルース・モーエン　死後探索マニュアル』ハート出版など）にくわしく記されているので、自分で録音して誘導音声を作ってもいいそうです。また、モーエンさんの誘導ＣＤ（英語版）と日本語の誘導ＣＤもあります。

「私は特別な能力があるわけでも、臨死や体外離脱（自分が肉体の外に出ること）の経験者でもありません。まったく普通の人間です」とおっしゃるモーエンさん。「ただ、死後の世界に強い好奇心を持って、そこに行く道を探るうちに、自由に行けるようになったのです。ですから、好奇心さえあれば、誰でも行けますよ」とのこと。

魂の救出とは、死後の世界を探索し、いるべきでない場所にいる人を見つけて、へルパーとともにいるべき場所に連れていくことです。

ヘミシンクで名づけられたフォーカスレベル（意識領域）でいうと、孤立した世界にとらわれているフォーカス23や、特定のこだわりを持つ信念体系領域であるフォーカス24～26などにいる人（魂）を見つけて、自由度の高いフォーカス27に連れていきます。

辛酸《しんさん》なめ子《こ》さんは、以前、ブルース・モーエンさんのワークショップに参加し、さまよっていた女性を救出したそうです。さすがです。

死後探索のスペシャリストであるモーエンさんの語る過去の救出劇は、とても興味深いものでした。辛酸なめ子さんの漫画にも描かれていますが、モーエンさんの友人、ジムを救い出したときのいきさつは、思わず手に汗握って聞き入ってしまいました。

亡くなった人から情報をもらって検証

モーエンさんの死後探索では、死後の世界での出会いが本物かどうか、できるだけ

「検証」するそうです。死後探索は、意識を死後の世界に飛ばしていく方法なので、自分が創作したイマジネーションとの見分けがつきにくいからです。

「そこで、受講者が死後の世界で亡くなった人と出会ったときは、こうお願いすることになっています。『何か、この体験がわかる証拠となるものを、私に見せるか、与えるか、教えるかしてください』と」

ちょうどその日に行ったワークショップでは、以下のような検証例があったといいます。

その受講生さんが会ったのは、若い男性で、自殺をした人でした。そこで、「この体験がわかる証拠となるものを、見せるか、与えるか、教えるかしてください」とたのんだところ、その若い男性はコンサートのチケットを見せてくれ、「ゆきちゃん」と口にしたとか。

男性に「いまは何年ですか」とたずねたところ、「1985年」と答えたのと、その男性が有名なコンサート会場の前に立っていたのが見えたので、あとで検索したところ、その年にその会場で、ある歌手で女優の人がコンサートを行っていた事実が判明しました。若い男性が口にした「ゆきちゃん」は、その歌手で女優の人だったのです。このエピソードには、背すじがゾゾゾッとしました。

「こういう検証をすることで、死後探索に対する私たちの見る目や感覚が変わってきます。確かに起こっている現実だと知ることで、より深く体験することができるのです」とモーエンさん。確かに、瞑想状態での死後探索というと、どこか漠然としていて、「自分の頭の中のイメージにすぎないのではないか」という思いがつきまといます。きちんと検証するのは、とても納得のできる方法だと思いました。

ほかにも死後探索で、第二次世界大戦中に特攻隊のパイロットとして亡くなった人と出会い、名前や生まれ育った町の名前がわかったので調べてみたところ、まさしく実在の人物だとわかったケースもあるそうです。

死後探索に、ますますリアリティーを感じました。

ここで、辛酸なめ子さんから「こういう方法で亡くなった人と会えるのなら、お墓参りは必ずしも必要ないのでしょうか」という質問が出ました。

モーエンさんのお答えはこうです。

「そうですね。どこにいても、その人を訪問することはできます。ここに座って、目を閉じてリラックスし、会いたいと思う人を想像するだけでも、呼び寄せていることになります」

本当に、亡くなった人といつでも会えるような気がしてきました。

ただし、「お墓参りにも儀式としての位置づけはあります」とのこと。お墓参りによって、亡くなった相手とコミュニケーションをとる、相手に敬意を払うといった感覚を持っている人なら、お墓参りをしたほうがつながりやすいそうです。

生きている間に魂が引き継がれることもある

私からも質問をさせていただきました。

取材の日、モーエンさんはビートルズの写真がプリントされたTシャツをお召しになっていました。だからというわけではありませんが、ジョン・レノンにまつわる質問です。

実は、恥ずかしながら私は、小さいころから両親に「おまえはジョン・レノンの生まれ変わりだ」といわれて育ちました。

ジョン・レノンが亡くなった１９８０年に私が生まれたからです。しかし、大人になってから、私が生まれたのはこの年の６月、ジョン・レノンがなくなったのが12月で、私が生まれたのはジョン・レノンの存命中だったことを知りました。

「その人の魂が、生きながらにして生まれ変わることがあり得るのでしょうか。私としては矛盾を感じて、両親のいうことに疑いを持ってしまったのですが……」というのが私の質問です。

すると、「それはじゅうぶんあり得ます」というのがモーエンさんのお答えでした。魂は、死んでからしばらくすると生まれ変わって次の生を生きます。単純な１本線をつないでいくイメージでとらえがちですが、実際には複雑な系統で引き継がれ、生きている間に魂が引き継がれることもあるそうです。

長年の疑念が晴れ、すがすがしい気持ちになりました。お父さん、お母さん、疑ってすみませんでした。

モーエンさんが引き続き、私について感じるところを教えてくださいました（ふだん、モーエンさんはそのようなことはしません）。

「寺井《てらい》さんがある衣装を着ているイメージが浮かびます。活動的ではなく、人格の特徴に合う衣装で、武術のようです。さらに、ヘッドバンド？ 鉢巻きをしている姿ですね。精神的鍛錬ができている人で、スピリチュアルの背景があります。前向きで積極性があり、20人の教室で誰も手を上げなかったら、あなたが上げるでしょう」

前半部分を聞いて、私はビックリしました。私は中学・高校時代、剣道をやっていました。「活動的ではなく、人格の特徴に合う衣装で、武術」とは、剣道のことではないかと思ったからです。

さらに、ジョン・レノンの生まれ変わりといわれて、私は大学時代、長髪にヘッドバンドをしていた時期がありました。誕生日の矛盾に気づいてから（今日、誤解とわかりましたが）、いまのような坊主頭にしたのです。モーエンさんがとらえた映像は、これらを意味するのでしょう。

取材の最後に、モーエンさんは下記の言葉を読者のみなさんに贈られました。

「どうか、死に対する恐れが取れますように。死に対する恐れを持たないように。とても大切なことです」

後日談になりますが、モーエンさんの着ておられたビートルズのTシャツを、私も買って愛用しています。

ヘミシンクで体外離脱やあの世への旅ができ亡くなった人との交流も可能になる

モンロー研究所公認レジデンシャル・ファシリテーター
坂《さか》本《もと》政《まさ》道《みち》さん

日本のヘミシンクの第一人者
坂本政道先生
ロバート・モンローの本にはいろいろな体外離脱の方法が書かれています
先生ご自身も体脱のプロでいらっしゃいます
起き上がるように出たり
ゴロッと転がり出たり……
腹筋みたいな要領でしょうか
はい……
目だけで抜けるパターンもあってその場合遠くまで行けます
幽体の状態だと背中から出るゴムひもみたいなのでつながっていて、4～5メートルで引き戻されることも……
ビヨ～ン
命綱ですね
体外離脱でご覧になったあの世はどんな感じでしたか？
よくフォーカスという数字で表されるのですが……
あの世の入り口はフォーカス21です
空港や駅みたいにお土産屋さんもあります
えっ!?
三途の川のほとりに建物が建っているそうです
この話を聞いたあと、夢でこんな感じの建物を見ました
それにしてもあの世土産とは……
老衰
Death
享年86
どんなデザインか気になります。この本も置いてほしい…

フォーカス23はとらわれの世界です
死んだあとその場にとらわれ幽霊になっていたり…もしくはあの世でその人が思っている小さな世界にとらわれています
たとえばあの世の野球場でずっとプレイしている人とか…
バッターもピッチャーも全部一人
一人野球……？
ずっと行進し続ける軍隊とか…
ザッザッザッ…
切ないですね
フォーカス24〜26は自分が持っている信念体系に引き寄せられます
以前、チベットの僧侶の集団を見た人がいます
波動高そうですけど…
その僧たちは食べ物を延々むさぼり食べていたそうで…がまんしすぎた反動でしょうか
ほかの信念体系はというと…
ずっと受験勉強している生徒
通勤し続けるサラリーマン
趣味の生け花を惰性でずっとやってる人
この世でやってたことをそのままやっている例が多いですね。信念がこり固まってるので救出しづらいです
現世で趣味にハマりすぎるとあの世でやり続ける羽目になるので注意したいです
とらわれている人にふと疑念が生じたら、待ちかまえていたヘルパーが次の世界へ連れていきます

ただ最近は便利になって
フォーカス27まで一気に
行っちゃうエレベーターも
あるようですよ
24と26を
スルー
できます
27
チン。。。
趣味の世界を
見てしまうと
誘惑多そう
ですよね
そしてフォーカス27に来ると
次の生に転生することが
できます
選べるん
ですか？
次の人生の計画を立てるの
ですが、ハードルが高いほど学び
が大きいとガイドにすすめられ
ます
進路指導
みたいですね
私も二択でどっちがいいか
提案されました
1．金持ちだけどおもしろく
ない人生
2．金はないけど可能性に
満ちた人生
2を選びました
さすがです
地球の人間に
生まれるのは
学びが多いので
みんなやりたがって
大人気なんですよ
フォーカス27にはレセプション
センターがあります
死で心身に
ダメージを
受けた人が
癒される場です
そこ、夢の中で
訪れたかもしれません
フォーカス27には
夢の中で行っている
場合も多いです。
とくにトレーニング
センターなど…
次の人生で必要な技能を学べる場で
スキーやハンググライダーなどもできます
えっそんな
アミューズメント施設が!?
スポッチャ的な…
もちろん霊界なので、利用料は
レイ
0円!!
霊界に行ったら使い倒したいので
フォーカス27をめざし精進します！

あの世とのコンタクト法はいろいろある

死後の世界や体外離脱（自分が肉体の外に出ること）などに興味を持つ人の間で、広く知られている「ヘミシンク」。ヘミシンクは、左右の耳で異なる周波数の音を聴くことで、意識を変容させ、それによって体外離脱や死後の世界の探索などができる技術です。

「意識を変容させる」とは、通常、私たちが自覚している顕在意識《けんざいいしき》とは違う状態に意識をもっていくことです。こうしてつくり出した状態を変性意識状態といいます。

ヘミシンクの開発者は、音響の専門家であるアメリカのロバート・モンロー氏です。モンロー氏は、たまたま体外離脱を体験したことをきっかけに、体外離脱を意図的に起こすための研究に打ち込み、モンロー研究所を設立してヘミシンクの技術を確立しました。

そして、日本のヘミシンク普及の第一人者が、モンロー研究所公認レジデンシャル・

ファシリテーターの坂本政道先生です。

ヘミシンクによって、何度も体外離脱をし、死後の世界を旅した経験を持つ坂本先生に、体外離脱やあの世についてうかがいました。

まず、体外離脱がどんなふうに起こるのかをきいたところ、その始まりは「振動」とのことです。

「典型的な体外離脱は、まずエネルギー体が振動します。エネルギー体とは、肉体でないもう一つの体。抜けていくほうですね。それが振動し始めて、振動が大きくなったところで、ピョッと肉体から出ます。振動を利用して出る感じです。それが典型的というか古典的な体外離脱で、多くの人の体験に共通しています」

中身がブルブル振動して、容器に安定しきれなくなって飛び出すイメージでしょうか。そう考えるとわかりやすいのですが、そんなに簡単に抜け出せるのだろうかという気もします。

振動を利用して出るのは共通していても、抜け出すときの姿勢は、「ヒョイと起き上がって出る」「ゴロッと転がって出る」「足を上げてから出る」など、さまざまだそうです。

体外離脱というと、フワッと浮き上がるイメージを持つ人が多いと思います。坂本先生によると、確かにそういう出方もあるそうです。

このようにエネルギー体が抜け出す場合は、リアルに抜け出た感覚があるものの、実はあまり遠くに行けないといいます。辛酸《しんさん》なめ子《こ》さんの漫画にもあるように、エネルギー体と肉体の間がゴムでつながれている感じで、4~5メートル浮き上がったかと思うと、パッと戻ってしまうことが多いとか。ゴムでつないで行う罰ゲームみたいで、思わず笑ってしまいました。

以上はエネルギー体がまるごと抜けるスタイルですが、ほかにも「目」だけ、つまり、視覚だけが抜け出すパターンがあるそうです。初めはゴロッとエネルギー体がまるごと出たあと、途中から目だけになる複合型もあるとのこと。視覚だけのほうが、遠くまで自由自在に行けるそうです。

「ヘミシンクでやる体外離脱は、視覚だけでいくことが多いですね。抜けたという感覚はそれほど強くないのですが、気がつくと別の場所にいたり、そのまま死後の世界に入ったりするケースです。この場合、自分の知覚する世界が、だんだん物質世界からずれていって、気がつくと自分のまわりに死後の世界が広がっています」

目だけで死後の世界に行って、亡くなった人に会ったとき、一方的に見るだけなのかどうかが気になります。相手に認識してもらい、話したりすることはできないのでしょうか。

「不思議ですが、目だけで行っても、話もできるし、手が使えてハグもできます。自分の意識としては目（視覚）だけですが、死後の世界に行くと、必要に応じてほかの部分も使えるのでしょう」

死後の世界とコンタクトするのに、絶対に体外離脱が必要かというと、必ずしもそうではないようです。

「ヘミシンクを行っていると、抜けた感覚はなくても、別の場所の様子が見えてくることがあります。たとえば、意図的に自宅に帰ろうとすると自宅が見えてきます。ここにいながらにして、別の場所を感じ取れるのです。この方法で、死後の世界にコンタクトすることもできます」

私も、できることなら大好きだった亡き祖父母に会いたいと思っています。体外離脱はちょっと自信がないのですが、いながらにしてあの世とコンタクトをとる方法があるなら、少しハードルが下がった感じです。

亡くなったらフォーカス27をめざせ！

ところで、ヘミシンクでは、死後の世界はどこにあるととらえているのでしょうか。

「私はよく、わかりやすい表現として『死後の世界は地球のまわりにある』といっています。空間的にまわりにあるわけではなく、周波数が違うので簡単には見えません。しかし、同じところにあって地球に不随している世界です」

あの世は、地球など超越したところにあるのかと思っていたので意外です。

「同じように、地球以外の星にはそれぞれの星の死後の世界があり、通常、地球で亡くなった人がほかの星に生まれ変わることはない、というのがヘミシンクの考え方です。ただし、ヘミシンクでいう『フォーカス』がかなり高くなると、自由度が増し、ほかの星との入れ替わりも起こると考えられます」

「フォーカス」とは、ヘミシンクによって到達した変性意識状態をグループ分けしたもので、死後の世界のフォーカスレベルとしては、通常、23〜27のあることがわかっています。

「フォーカス23は、場所に依存している意識状態。その部屋やその場所に幽霊が出るときは、フォーカス23の状態です。いわゆる地縛霊《じばくれい》はこの状態といえます」

地縛霊までヘミシンクで分類されるとは知りませんでした。

「フォーカス24〜26は、信念体系領域と呼ばれ、特定の信念を持つ人が集まっている領域です。数人から数万人など、さまざまな人数のグループになっていますが、なかには1人でいることもあります」

それらの人は、一つの趣味や宗教、行動パターンなどにこり固まって、死後も同じことを続けているそうです。坂本先生はこれまで、ずっと勉強し続けている学生や、ずっと通勤し続けているサラリーマン、野球をし続けている人、草原で戦争し続けている人たち……など、この領域でさまざまなグループを見てきたとか。

楽しそうに趣味に興じていると、一見、幸せそうですが、そのままでは自由度がなく、生まれ変わることもできないといいます。

仏教でいう「修羅界《しゅらかい》（争いを好む世界）」や「餓鬼界《がきかい》（満たされず苦しむ世界）」「地獄」なども、フォーカス24～26に入っているそうです。

フォーカス24は、なかでもこだわりが強い領域で、25、26と数字が大きくなるにつれ、こだわりが薄れていくとのことです。

「フォーカス27は自由度が高く、ここから次の生に転生することができます」

フォーカス27には、地上さながらのさまざまな施設があるそうです。

死者を温かく受け入れる「レセプションセンター」、心身を癒《いや》す「リハビリセンター」、過去生《かこせい》（過去世《かこせ》）の追体験など、教育や訓練が受けられる「トレーニングセンター」、ガイド（指導霊）と相談して次の生を決める「計画センター」などです。

この領域で生まれ変わりの順番を待つ間、ヘルパーとして、フォーカス23やフォーカス24～26に、魂《たましい》の救出に向かう人もいます。場所や信念にとらわれている魂を、説得してフォーカス27に連れてくる仕事です。

ちなみに、この救出に特化したセッション（リトリーバル）を行っているのが、82ページで紹介しているブルース・モーエンさんです。

フォーカス27には、次の生に備《そな》えて、さまざまなスポーツ、趣味、習い事ができる施設もあるというので驚きました。

私たちは夢で頻繁に死後の世界を訪れている

フォーカスの話をひととおりうかがって、死んだらフォーカス23や24～26にとどまらないようにし、27に直行したいものだと思いました。それには、どんな点に気をつければよいのでしょうか。

「まずは亡くなったとき、お迎えに来ているガイドに気づくことが大切。死ぬ直前には、必ずそばにいますから。それに気がつきさえすれば、あとはガイドがフォーカス27に連れていってくれます」

宗教的な思い込みがあると、錯覚によって、そのお迎えが閻魔大王《えんまだいおう》の使者やサタン

に見えることもあるとか。まっさらな心でお迎えを見つけたいと思います。

「最近は便利になって、乗るとフォーカス27に直行できるエスカレーターやエレベーターもあります」と坂本先生。

「エスカレーターに乗るときの注意は、下手にまわりを見ないこと。とくにフォーカス25などを見ると、好きな趣味に引き寄せられることがあるので、あちこち見ないで真っすぐフォーカス27をめざしましょう」とのことです。

自分が死ぬときの注意点はわかりましたが、ヘミシンクで亡くなった人に会いに行くときの、初心者向けの注意点も知りたいところです。

「ヘミシンクを行うと、一発では無理でも、何回かくり返したり、宿泊型のセッションに参加したりすれば、ほとんどの人はなんらかの形で亡くなった人とつながることができます。ただ、顔や姿がハッキリ見える場合もあれば、存在が感じられるだけ、声が聞こえるだけということもあります。

また、ほかの人が仲介してくれたり、メッセージを伝えてくれたりすることもあります。コンタクトの形を限定しないほうがつながりやすいでしょう」

会社を経営していたご主人を亡くされ、あとを継いで社長になったある女性は、ヘミシンクでご主人とやりとりできるようになって以来、経営の対策や暗証番号など、わからないことは何でもきいているそうです。そんな便利な使い方もあるのです。

「ヘミシンクもいいのですが、実は私たちは、けっこう頻繁《ひんぱん》にあの世に行っているんですよ」という坂本先生に、「えっ、どうやってですか」と思わずきき返しました。

「私たちが寝ているときに見る『夢』は、あの世の一部ととらえて差し支えありません。夢の中でフォーカス27にある施設に行ったり、亡くなった人に会ったりしています。顕在意識では覚えていませんが、行ったり来たりしているんです」

「そういえば私、夢で病院のような施設を見たことがあります」と辛酸なめ子さん。坂本先生によると、「それは、おそらくフォーカス27のリハビリセンターですよ」とのこと。

「夢であの世に行ける」という話がグッとリアルに感じられました。これからは、夜見る夢を、もっと意識して大切にしようと思いました。

人間は精神世界に生きる人と物質世界に生きる人に大別され各々の世界を大切にするのが今生の務め

薬剤師／気功家／荒井塾塾長
荒井《あらい》義雄《よしお》先生

気功の道場 荒井塾を主宰されている達人 荒井義雄先生
シャキッ
とても80代に見えません
気功の修練を始めて6、7年たったころにクンダリーニが覚醒しました
それ以来、人の波動やソウルカラー、寿命がわかるようになったんです
ドキ
えっ寿命…っ?
寿命は怖いのでソウルカラーを見てもらうことに……
寺井さんは藍色 辛酸さんはスミレ色
精神世界に興味を持つ人は振動数も高いです
カルマが重い人はソウルカラーが赤や黄色 死ぬとき苦しいです
青や紫はパッと逝けますよ
私、物欲まみれなのに…意外です
大丈夫です。成仏できます
ソウルカラーの例
〈赤〉
濃いつやのない赤－破壊衝動
血の色－ねたみ憎しみ
明るい赤－活力
〈オレンジ〉
オレンジ－力・陽気
濃いオレンジ－みせびらかし
〈黄〉
まじりけのない黄－霊性・知性
カラシ色－下品・狡猾
〈緑〉
ひすい色－如才なさ
暗い緑－ねたみ
〈青〉
普通の青－勤勉
藍色－高い霊性
〈スミレ〉
スミレ－自由を愛する
〈金〉
金－感情をなごやかにする
欲
悟り

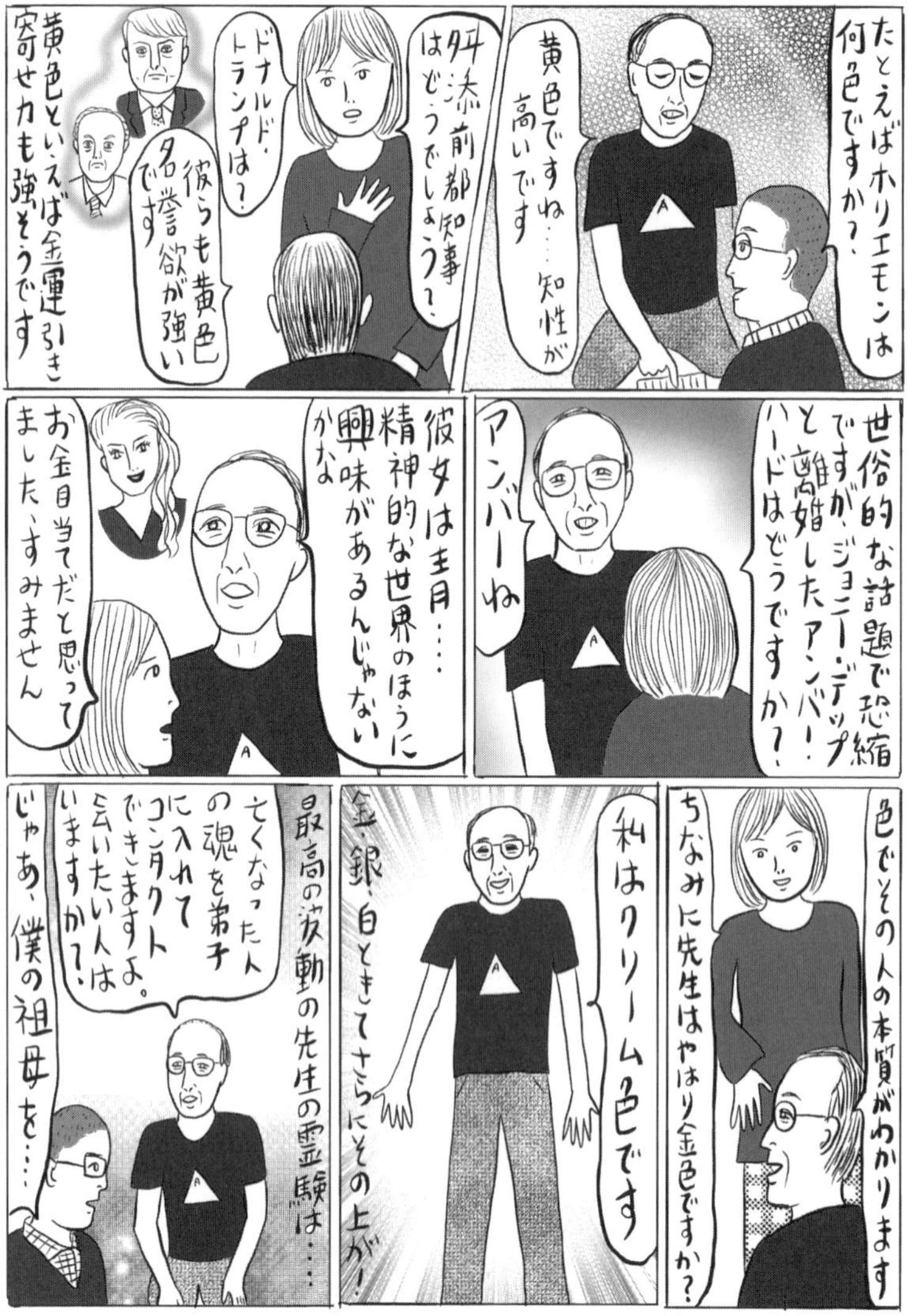

たとえばホリエモンは何色ですか？
黄色ですね…知性が高いです
舛添前都知事はどうでしょう？
ドナルド・トランプは？
彼らも黄色 名誉欲が強いです
黄色といえば金運引き寄せ力も強そうです
世俗的な話題で恐縮ですが、ジョニー・デップと離婚したアンバー・ハードはどうですか？
アンバーね
彼女は青…精神的な世界のほうに興味があるんじゃないかな
お金目当てだと思ってました、すみません
色でその人の本質がわかります
ちなみに先生はやはり金色ですか？
私はクリーム色です
金・銀・白ときてさらにその上が！
最高の波動の先生の霊験は……
亡くなった人の魂を弟子に入れてコンタクトできますよ。会いたい人はいますか？
じゃあ、僕の祖母を……

ちょっと来てー
と、お弟子さんを呼んだ先生
はいっ、寺井〇〇江さん
ウッ
グググググ…
ゲホゲホ
ぐるしい〜
息がし
おばあさんは気管支系が悪かったみたいだね
はい、そうでした……
なんかすいません
??
いえ、いつものことなので
クレオパトラ！
入りません
さすがにムリがあったようです
松果体を切ると思考が停止しあの世に行ったような状態になりますよ
やってみましょう
松果体
松果体……って第三の目のところですよね

はい!
バタ
バタ
バタ
ええっ!!
気づいたら私も時々ひれ伏してメモを取ってましたが先生の気功パワーの影響でしょうか……
松果体を切れば重さや痛みも感じませんよ
ほら!
米の袋
プス
先生が針を刺したのにまばたきもしない!!
その後われに返った女性
痛いとか苦しいとかはなくずっとハッピーです
じゃあ今度は松果体を回してみます
クイッ
バタ
バタ
と…こんなふうにいつも遊んでます
バババババ
エネルギーのコードがつながってるんで
すごいですね〜
お弟子さんたちは倒されまくりでお疲れ様でしたが、先生とコードがつながっていれば死後天国に引き上げてもらえるはず……
もし地獄に落ちたらよろしくお願いします

クンダリーニの光が見えてさまざまな能力が開花

もともとは薬学の専門家で、長年、漢方治療を行われていた荒井義雄先生。現代医学で治せない病気も、漢方薬でよい結果を出されていましたが、そんな先生に転機が訪れます。

お父様がクモ膜下出血で倒れ、あらゆる手をつくしたものの、残念ながら帰らぬ人となったのです。漢方にも限界があるという現実を突きつけられ、「もっとほかにも人を救う方法があるのではないか」と、あらゆる治療法を探すうち、呼吸法と気功法《きこうほう》にめぐり合います。

それまで東洋医学に精通されていた先生にとっても、気功の世界は驚くべきもので、「出血は30分、骨折は1時間、虫垂炎《ちゅうすいえん》（盲腸炎）は8時間ほどで治る」など、奇跡的な事例を目《ま》の当たりにしたとか。

その世界にひきつけられ、53歳から呼吸法と気功法の修行を始められました。すると、さまざまな能力が開花してきて、6～7年たったとき、クンダリーニという光が見えるようになったそうです。

クンダリーニとは、人体内に存在する根源的な生命エネルギーのことです。こういうものは、短い時間だけ見えるものかと思っていましたが、そのときの荒井先生は、なんと5日間、連続でその光を見続けたといいます。光は、さまざまな色や形に変化していったそうです。

「夢と同じで、目を開けると見えなくなってしまうので、『記録しておかなければ』と思い、自分で紙に描いては、目を閉じて光のビジョンの続きを見るということをくり返しました。あそこにはってあるのがその絵です」と荒井先生。

見ると、取材におじゃました荒井塾の壁に、カラフルで神秘的な絵がはってありました。宇宙の始まりや人の魂《たましい》の本質、生まれ変わりなどを表しているそうです。

この経験のあと、さらに修行と鍛錬を積んだ荒井先生は、いつでも光が見えるようになり、透視力や直感力が身についたそうです。いまでは、ひと目見るだけで、あるいは名前を聞いただけでも、その人の魂の本質や寿命までわかるといいます。

そこで、私たちの魂についても見ていただきました。辛酸《しんさん》なめ子《こ》さんの漫画に描かれているとおり、魂の本質はソウルカラーと呼ばれる色で表現されます。

実際に、ソウルカラーを見極めるときには、先生がかなりの時間と手間をかけて作成されたというソウルカラーの一覧表を使います。たくさんの色と説明が書いてある一覧表の上を、先生の指がダウジング（棒や振り子などの動きによって隠れた物を発見できると謳《うた》う手法）のように動いていきます。

調べる対象者のことを念じながら行うと、指先が色の持つ振動に感作して、その人のソウルカラーがわかるそうです。

基本的には、青系統のソウルカラーは精神世界に生きる魂、黄色系統は物質世界に引き寄せられる魂で、赤系統はネガティブな感情や衝動を持つようです。

辛酸なめ子さんのソウルカラーは「スミレ色」。「自由を愛するすぐれた直感」があるとのこと。さすがです。

「この上は金色。なめ子さんは、そこにリーチがかかっていますよ」と荒井先生が笑いながらおっしゃっていました。先生は、チベット仏教の高僧であるダライ・ラマさ

んにも会われていますが、そのソウルカラーは金色だったとか。

「私は?」とドキドキしながら調べていただくと、結果は「藍色」。

「高い霊性を持ち、振動数が高いです。精神世界の活動は合うでしょうね。ほかのことをやると失敗しますよ。なめ子さんと色が近いですから、気が合うと思いますよ」とのこと。

青系統でホッとしました。「ほかのことをやると失敗」には、少し引っかかりましたが……。

この取材の時点では、アメリカ大統領になるとはほとんど思われていなかったドナルド・トランプさんのこともきいたところ、「黄色で、かなり高い知力の持ち主。ただし、物欲や名誉、自己意識、顕示欲などの世界ですね」とのこと。

やはり黄色の人はお金もうけがお上手なようです。ここだけの話、チラッとうらやましい気持ちも頭をかすめました。

そういう人たちが、精神世界にも関心を持つと無敵になれるのではないかと思いましたが、「物質界に生きる人たちが精神世界に向かうのはつらい」とのこと。

「人は、大まかにいうと、精神的なものを追いかける人と、物質を追いかける人に分かれます。違う系統に向かうとつらいんですよ。精神界の人が物質を追おうとしても同じ。来世《らいせ》は、また別のほうに行くかもしれませんが……」

死ぬときには、赤や黄色の人は苦しいそうで、青系統の人は自然にパッと旅立てるとか。この世に残すものへの未練の違いもあるのでしょうか。

いずれにしても、ソウルカラーは持って生まれたものだそうで、本人の力ではなく、前世《ぜんせ》の行いが反映されているようです。ちょっと感じた黄色へのうらやましさは封印して、精神世界寄りの活動で精進したいと思います。

ドキドキしながら鑑定してもらった寿命の結果は？

ソウルカラーとともにその人の寿命も鑑定できるという荒井先生。ソウルカラー以上にドキドキしながら私の寿命を見ていただきました。

「もしかして明日死ぬとかいわれたらどうしよう」と、正直いって怖かったです。

寿命を見るときも、先生の作成した一覧表の上を、ソウルカラーと同じように、指先でダウジングしていきます。私の寿命を調べる先生の指先が、ふっと止まって1ヵ所でゆらぎ始めました。

「45、46……。46歳あたりで…」

え、えーっ！　46歳が寿命？　背すじがゾゾゾッとしましたが、続きがありました。

「46歳あたりでちょっと病気しますね」

あー、よかった。とりあえずホッとしましたが、そう楽観もできないようです。

「心臓か脳にきますね。要注意です。これをクリアすると、また65歳あたりで同じように脳か心臓の血管に何かあります。それを過ぎると、91歳まで大丈夫ですね。二つの節目をクリアしていけば大丈夫です」

46歳といえばちょうど10年後です。ここからの10年の過ごし方で、46歳の危機をクリアできるかどうかが決まるのでしょうか。

どんなふうに過ごせばクリアできるか、荒井先生にたずねたところ、リラックスして横たわり、深く腹式呼吸《ふくしきこきゅう》（息を吸うときにおなかを膨らませ、吐《は》くときにへこませる呼吸法）をするとよいと教えていただきました。胸で呼吸すると、とり入れる酸素量が少なくなり、心臓にもダメージがあるので、深い呼吸をするとよいそうです。「ヒマなときに寝そべって、リラックスして呼吸するといいですよ。あごを上げぎみにして、鼻で呼吸すると、さらによく酸素が入ります」とのこと。緊張は病気を呼ぶエネルギーとのことで、折りにふれてリラックスする時間を持つとよいそうです。

とくに私は、横隔膜《おうかくまく》が硬いといわれてしまいました。これを軟らかくするにも、リラックスして深い呼吸をするのがよいのだとか。

ほかに、苦いものを食べると、肺と心臓を強くでき、逆に塩辛《から》いものは心臓や血管を傷めるそうです。

苦いものといえば、ゴーヤやピーマンなどでしょうか。特別好きではないですが、苦手というわけでもないので、心がけて食べることにします。

呼吸法と苦い食品で、46歳と65歳の危機を乗り越えたいと思います。

読者のみなさんも、心臓血管系が心配な人は参考にされてはいかがでしょうか。

「涅槃瞑想」であの世とこの世を行ったり来たりできる

荒井塾でお話をうかがいながら、いちばん驚いたのは、先生が手で何かを操作したり、ふっと気《き》（東洋医学でいう一種の生命エネルギー）を送るような動作をしたりするだけで、そばにいたお弟子さんたちが、バタっと倒れたり、吹っ飛んだりすることです。

松果体《しょうかたい》（脳にある小さな内分泌器官《ないぶんぴつきかん》）のエネルギーを切ることで、思考や感情、記憶などをなくしているそうです。思考能力やリアルな記憶がなくなるわけではなく、魂の本来のあり方をじゃましている思考・感情のエネルギーや過去世《かこせ》（過去生《かこせい》）の記憶などを遮断しているそうです。

先生が手を動かすだけで、瞬間的にお弟子さんの体が動くので最初は何が起こったのかわかりませんでした。

「離れていても、何人でもできますよ。ここにいる全員の松果体を切ってみましょう」

と、先生の手が動いたとたん、その広い部屋で、さまざまな作業や会話をしていた数十人のお弟子さん全員が、一瞬で倒れて動かなくなったのには仰天しました。

このときのお弟子さんたちは、どういう状態になっているのでしょうか。

「声や物音は聞こえているが、思考がストップしていて反応できない」状態になっているそうです。

「幽体離脱に近い状態で、生きながらにして悩みがなくなります。自分と他人を比較する思考がなくなるので、とてもらくですよ。時間を感じるのも松果体なので、止めると時間の感覚もなくなります。

いわゆる無や空《くう》の状態ですね。私は『涅槃瞑想《ねはんめいそう》』と呼んでいます。普通は厳しい修行を積んだ人しか到れない世界ですが、私が松果体を操作すると即席でできます」

涅槃とは、仏教でいう最終目的地を指す言葉で、悟りの意味や、一般に「あの世」の意味でも使われます。

ということは、先生が松果体を止めるこのワークは、「あの世に行く瞑想」ともいえるのでしょうか。

「そのとおり。ほとんどあの世に行った状態です。つまり、ここでの修行では、あの世とこの世を行ったり来たりしているわけですね」

あの世が、ぐんと身近に思えてきました。

「死んだ人がどこにいるかもわかり、コンタクトがとれますよ」と先生。

私の祖母を呼び出していただいたところ、辛酸なめ子さんの漫画にあるとおり、お弟子さんがひどくセキ込んでいました。なんだか気の毒で、思わず謝りました。

呼吸器が悪かった祖母の現世《げんせ》での様子を反映していたようで、それを見るのはちょっとつらかったのですが、いまは祖母の魂も安らかとのことでホッとしました。

先生がクレオパトラを呼び出そうとしたら、お弟子さんが無茶ぶりに困惑していました。タイミングによっては、呼び出せない場合もあるようです。

そのあと、米袋を持ったお弟子さんたちの壮絶ともいえる修行の成果を見せていただきました（114ページの漫画を参照）。

荒井塾におじゃましていたのは2時間ほどでしたが、何か遠い別世界に行ったような感覚を覚えました。先生の教えを生かして、91歳まで生き抜こうと思います。

意識とハートを広げればハイヤーセルフが見つかり過去生の自分とも会える

形而上学教師／著述家／ヒーラー

クレッグ・ジュンジュラスさん

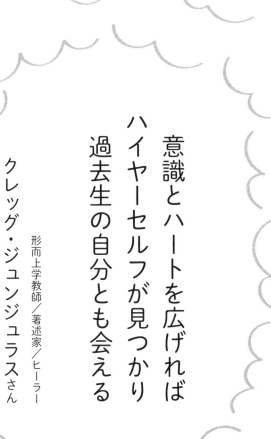

セドナのスピリチュアルティーチャー
グレッグ・ジュンジュラス氏
私のクラスでは生徒に過去生や中間生への行き方を教えます
生まれる前の中間生は…
ビュッフェで料理を選ぶように自分をつくる要素をパッケージします
家庭やカントリーを選択します
そして赤ちゃんの中へ……
自分が完了したいタスクとそれを達成できるところを選ぶんです
ただそのとき、過去生から圧縮されたネガティブエネルギーを持ち越してしまうんです
圧縮されて心のブロックとなっています
確かにブロックの存在を感じます
自身の過去生を自分で探せたらブロックが解放されることがあります
私も1万年前の自分の幽霊と出会ったことがあります
その場所はアトランティス大陸……
Atlantis
グレッグ氏の過去生は科学者でした
Listen to me!
怒りながら警告するシーンが延々とループ……
(大陸が沈没する前でしょうか?)
自分の幽霊にヒーリングしてきました
でも、たいてい過去生の自分はGood friendになれます
ところで人は亡くなったらどうなるんですか?
肉体には同じ形のファントムボディ(幽体)がくっついているのですがそれをコートのように脱ぎ去ります

そして、I love you・Good bye.と体に別れを告げて旅に出ます
それからハイアーセルフのもとへ…
コートのように体を脱いだらあの世ではどんなかっこうをしているんですか？
あの世では人を喜ばせるための服を選ぶ必要はありません好きな服が着られます
私もあの世でガイド（守護霊）に「起きろクレッグ！もう大きなおなかじゃない。アロハシャツで隠す必要もないんだ」といわれることでしょう
でも、死んだことに気づかず最期の日々にやっていたのと同じように暮らしている人も多いそうです
しかしあるときふと違和感を覚え始めたら、ガイドが目覚めさせて連れていきます
あの…死んでますよ
そして他の次元へ…
私が死んだらガイドに尻を蹴とばされ、「起きろクレッグ！もうおまえは死んでいる」といわれるでしょう
クレッグさんのガイドは相当Sですね
地獄はあるんですか？
Hell….
フーッ
とため息をついたクレッグさん
地獄は闇の世界ですが、創造された現実の一つです。私たちの生きている世界はホログラムです
そんな気してました
魂を救うために地獄に降りていったことがあります
炎の中を歩いたとか…
神様感半端ないです
天国はどんな感じですか？
多くの人は光を見ます

以前瞑想したときは至高の光の中たくさんの人が浮かんでいるのが見えました
そこで輝く存在に、家に帰りなさい、あなたの兄弟姉妹を癒しなさい、といわれました
あの世の体験をしてからクレッグ氏の人生観は変わったそうです
それまで無意味で無気力だったのが人の役に立ちたいと思いました
またガイドに蹴られて目覚めさせられました
よく蹴るガイドですね
その必要があるんです
私は怠け者ですから……でも最近、死についての歌を作ったんです
Heaven's door open
あの世に連れていかれそうになりました
あとクレッグさんの後ろに光が見えました
この本のプロジェクトのガイドでしょう
えっ霊プロデューサー!? それは心強いです
クレッグさんと写真を撮ったら白い小さなオーブ(霊体)が……奥ゆかしい現れ方がさすが高次元霊です

過去生を訪ねる旅で現在の自分も癒される

クレッグ・ジュンジュラスさんは、アメリカ、アリゾナ州セドナ在住の形而上学《けいじじょうがく》教師で著述家。「ハイヤーセルフディスカバリー」という手法で、人々の魂《たましい》の成長を助けるヒーラーでもあります。近年は毎年、来日されてセミナーや講演会を開いており、日本でも大人気です。

「ハイヤーセルフ」とは、生まれ変わりに関係なく存在する「高次の自分」のことです。クレッグさんによると、ハイヤーセルフとは「地球に差し込む閃光《せんこう》のようなもの」だといいます。「確かに光があり、照らされているのはわかるが、どこに光源があるかわかりにくいもの」という意味です。

その光源を探し出すのが、「ハイヤーセルフディスカバリー」というプログラムです。

「それには、まず意識を広げます。ハートを広げることで、高次元に自分自身が浮き上がっていきます。実は、これは死ぬときも同じなのです。『ハイヤーセルフディスカバリー』とは、みなさんが生きている間に、体の外に出る方法をお教えし、準備していただくプログラムでもあります」

セミナーやCDによるクレッグさんの誘導によって、その練習をしていけば、自由に自分の過去生《かこせい》（過去世《かこせ》）を訪ねることができるようになるそうです。高次の意識を持っているときは、時間の中を自由に行き来でき、多くのところにアクセスできるといいます。

「その大きな目的は『癒《いや》し』です。過去生を訪ねることで、過去生に対する癒しが行えます。それが過去生セラピーで、現在の問題解決にもつながります。自分のほかの人生からパワーを受け取ることができるからです。

逆に、過去生のよかったことを今回の人生に持って帰ることもできます。過去にしてきた『よいこと』は、ご自身に属していますので」

あるクラスでは、まず時間をさかのぼって、1万数千年前の太平洋の底に沈んでいるレムリア（かつて太平洋にあったといわれる大陸）に行ったあと、そこから上がって過去生を訪ねるワークを行うそうです。「水」は潜在意識の象徴なので、こうするとよりスムーズに過去生へのトリップができるとか。

過去に行けるなら、もしかして未来へのトリップもできるのでしょうか。

すると、「未来に連れていくことは、１９８０年以降やっていません」とクレッグさん。たとえば、株式市場に行きたいなどという人もおり、「人にとって未来の取り扱いはむずかしいので」とのこと。

ただ、セッションの終わりに、未来の自分に語りかけ、いまの自分に未来の叡智《えいち》を授《さず》けてくれるようにたのむことはあるそうです。

クレッグさんは子供時代から、このようにスピリットを見る能力があり、時間を旅することができたそうです。ところが、学校に通う子供時代や未成年の時期にこの能力をハッキリ表に出すと、病院に連れていかれるので、オーラの奥深くに隠しておいたといいます。それを隠すため、過去生からネガティブなエネルギー（圧縮されたエネルギー）を持ってきて、自分の意識の上にブロックとして重ねておいたとか。

実は、この方法は、自分を守るために無意識のうちに行っている人も多いといいます。

「必要なときには、その力がおなかの中から上がってきます。そうしたら、ブロックを一層ずつ、やさしくはずしていきます。よく私に向かって『ブロックを解放して』という人がいますが、私がやってあげるのではなく、ご自分ではずすのです。リラックスして目を開けたまま行う瞑想《めいそう》などにより、ブロックがはずれて第3の目が開かれます」

自分の持つ隠れた能力に目覚めるためにも、自由に過去生を訪ねていくためにも、ブロックをはずすことが大切だそうです。

「過去生の自分はいい友達。別の場所で育った双子のきょうだいのようなもの」だとか。違う環境で暮らしてきたので、最初に会うと自分とはまったく違うように感じてとまどうけれど、実は心底、理解し合える間柄だというのです。

私も過去生の自分に会ってみたくなりました。

草原の肝っ玉母さんやエジプト時代の科学者

私自身ではまだ過去生へのトリップは無理なので、クレッグさんに私の過去生を見ていただきました。ただし、過去生への旅は、原則的には自分でするものなので、今回は特別にお願いしたセッションです。

クレッグさんと見つめ合い、その瞳の奥をのぞくようにしながら、見える過去生を語っていただきました。クレッグさんからは、「あなたに痛みがあれば、それを送ってください」ともいわれました。

「オクラホマのような大草原にいるドレスを着た女性が見えます。『あのウシの乳を、あんだ、搾るの、搾らないの?』と大きな声でいっています。夫を亡くして、3人の男の子を育てているお母さんのようです。自分が苦しんでも、人を助けなければという強い気持ちをもったがんばり屋さんですね」

思いもよらないアメリカの肝っ玉母さんのような過去生が出ましたが、クレッグさんから語られるその女性の様子は、不思議と違和感なく私の中に入ってきました。思わず、心の中で「がんばって！」と応援しました。

「もう一つ、建築家のような思考を持ったイメージが見えます。古代エジプトの科学者、建築家のようです。数学は、あなたにとって音楽のようなものでした。機械的なものが好きで、人はきらいではないですが、対人関係は苦手で、旅が好きでした」

まるっきり違う過去生ですが、なぜか、こちらも胸に落ちました。知識はあっても、どこか不器用な感じにシンパシーを覚えたからかもしれません。

「その過去生でも、あなたは努力家で繊細です。男の子にはいじめられたこともあったでしょう」とクレッグさん。

この言葉に一瞬、「えっ」と驚きました。

実は、私は高校時代にいじめに遭《あ》った経験があり、「痛みがあったら送ってください」というクレッグさんの言葉に答えて、その思いを送っていたからです。

クレッグさんが、それを痛みとして感じておられたのかどうかきいたところ、「あなたが痛みを手放したので、私にはあなたの愛として感じられました」とのこと。

30分以上クレッグさんと見つめ合っていた私は、だんだんクレッグさんがエネルギー体のように感じられてきました。視界はクリアになり、体は温かく、少し浮遊感がありました。このようなセッションを受けたのは初めてですが、「前世療法《ぜんせりょうほう》」が効果をもたらす理由がわかった気がします。いまの自分を大切な存在として、しっかり自分自身で肯定できた感じです。モヤモヤした悩みが消えて、心が軽くなりました。

光を見失ってもお迎えが来て教えてくれる

亡くなったあと、私たちはどうなってどこへ行くのでしょうか。辛酸《しんさん》なめ子《こ》さんの漫画にあるとおり、ファントムボディ（幽体《ゆうたい》）を脱いでハイヤーセルフのもとへ行くとのことですが、ほかにも、クレッグさんの見たビジョンを語っていただきました。

「祖父が亡くなったとき、魂が上がったり下がったりしているのを見ました。体から離れて天井のほうに行ったり、また戻ったりしていたのです。

迷っているなと思って、私は壁の上のほうを見ました。生徒さんにも教えていますが、こういうときは壁の上のほう、明るいところを見るといいのです」

そこから宇宙が見える気持ちで見たり、浜辺に寝そべって雲を見るように見たりするとよいそうです。なぜかというと、そこに先立った家族や先祖などのお迎えが見えることが多いからだそうです。

「そこには、私が16歳のときに亡くなった父がいました。父は30代の姿で、髪の毛もフサフサでした。私は、お迎えには祖母が来ると思い込んでいたので、思わず『お父さん、ここで何しているの』といってしまいました」

ともあれ、クレッグさんのおじい様はお父様に導かれて無事に昇っていったそうです。魂が迷っているように見えても、このように、お迎えが来て導いてくれるので心配はいらないとのことです。

それにしても、亡くなった人はクレッグさんのお父様のように、若い姿で現れることが多いのでしょうか。

「とくに最初は、目撃する人がいちばんよく覚えている姿で現れます。見る人のハートの中に何があるか、自分の気持ちをやわらげるために何を見る必要があるか。そういうこととも関係します。

現れた相手とやり取りしたり、あるいは何度も会ったりするほど、彼らは自分を出すようになり、最初に現れたのとは違う姿になっていく場合もあります」

そして、私たちは亡くなったあと、どこに行くのでしょうか。

「どこに行くかは、自分が信じていることによります。さまざまなレベルがあります。しかし、祖父のように迷ったり、ハイヤーセルフの光を見失ったりしても、祖先の魂が集まって、『あそこに光がありますよ』と教えてくれるので大丈夫です。彼らは光源の場所を教え、合流するのを助けてくれます」

そのように導くのは、多くの場合、先立った家族や祖先ですが、ときにはつながりのない人や、まだ亡くなっていないトラベラーの場合もあるそうです。

「2011年、日本が津波に襲われたとき、私は1週間前に東京から戻ったばかりでした。すぐにでも日本に戻りたかったのですが、私のガイドから『ホテルの部屋にただ座っているだけでは何の助けにもならない』といわれました。

そこで、私は体の外に出て、津波の現場の泥の中に飛び込みました。そして、そこに埋もれていた魂を一つひとつ泥の中から外へと救い出したのです。同じように魂を救おうと、海に飛び込んでいるトラベラーもいましたが、私は泥の層の中にそういう魂が多くいると感じたのです。困惑した状態で体の中にとらわれていると感じました」

クレッグさんは泥の中にいる魂をどんどん救い出して、ほかにもトラベラーたちが助けに来ていたので、彼らに渡したそうです。

「このやり方を初めて覚えたのは、２００１年に起こったアメリカ同時多発テロ事件で、世界貿易センタービルが爆発・炎上したときでした。当時、私は近くで働くチーフエンジニアで、現場に駆けつけ、ガイドに『どうすればいい？』とたずね、この方法で送り上げました。下に落とそうとする闇のスピリットも来ていたので、急を要したのです」

日米の大事件でも魂の救済をされていたとわかり、ビックリです。「すばらしい人であることが改めてわかりました」というと、「そういう意味ではなく、すばらしい本になってほしいと思ってお話ししました」と、どこまでも謙虚なクレッグさんでした。

最後に、クレッグさんから教わった「自分自身の救済法」を紹介します。

「クライアントや生徒さんによくいうのは、『鏡で自分の顔を見て、鏡の中の人を助けてあげなさい』ということです。そんな気持ちで、鏡の中のご自分を見てみてください。怖がっている顔が見えるかもしれないし、骸骨や動物が見えるかもしれません。醜いものが写れば写るほど、より多くの愛を必要としています。ご自分を愛してください」

今日から、鏡の中をじっくり見てみることにします。

海の彼方にある
ニライカナイという楽園で
先祖は幸せに暮らし
私たちを見守っている

琉球風水師
島袋《しまぶくろ》千鶴子《ちずこ》先生

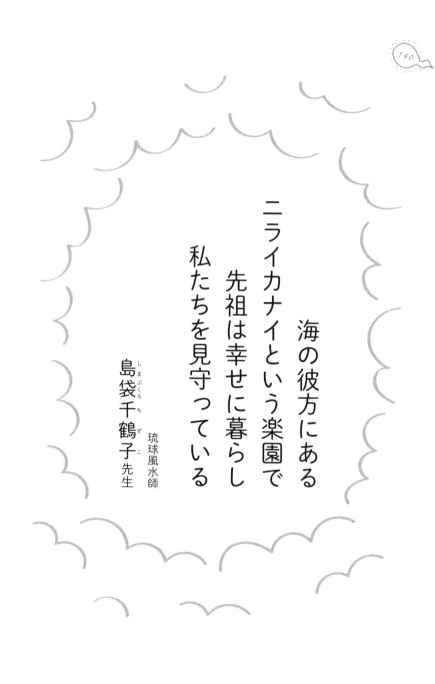

ユタの血を引く島袋千鶴子先生
カリスマ的な琉球風水師でいらっしゃいます
ドキドキ
目力に霊力が・・・・
あの、沖縄でのあの世観を教えてください
この世と同じような生活ですね
お父さんとお母さんがいっしょに暮らしてる。生きてる間仲が悪くてもあの世では仲よくなってのんびり暮らしていますよ
ということはそのまま実家があるみたいな・・・・
死ぬときは親が迎えに来てくれるっていいますね
せっかく独立したのに死んだらまた実家に戻るんですか？
それがいやだっていう人もいるね
さらにあの世には親戚づきあいも・・・・
沖縄の風習では人が亡くなるとお棺に白いタオルをたくさん入れます

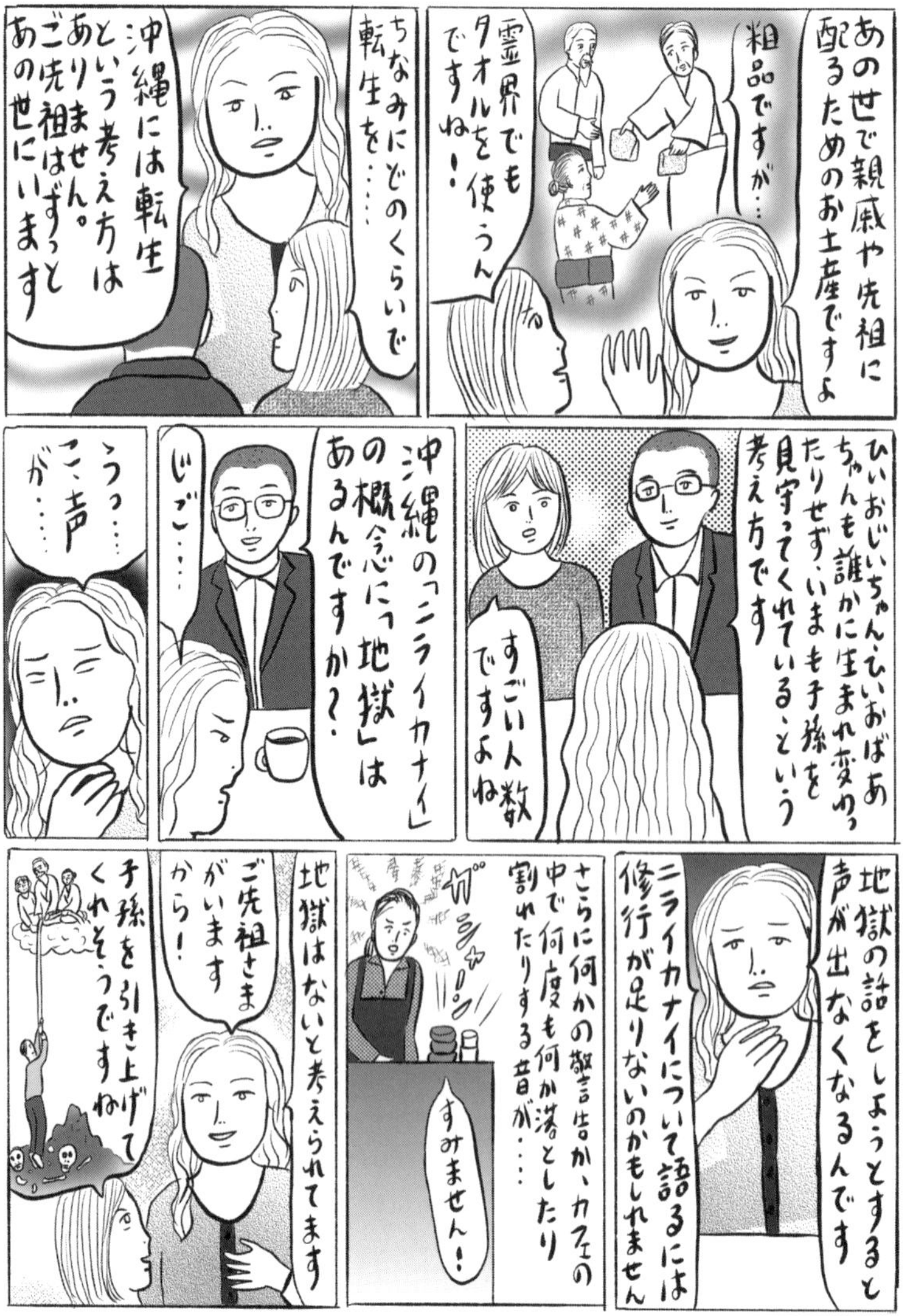
あの世で親戚や先祖に配るためのお土産ですよ
粗品ですが…
霊界でもタオルを使うんですね！
ちなみにどのくらいで転生を……
沖縄には転生という考え方はありません。ご先祖はずっとあの世にいます
ひいおじいちゃん、ひいおばあちゃんも誰かに生まれ変わったりせず、いまも子孫を見守ってくれている、という考え方です
すごい人数ですよね
沖縄の「ニライカナイ」の概念に「地獄」はあるんですか？
じご……
うっ……こ、声が……
地獄の話をしようとすると声が出なくなるんです
ニライカナイについて語るには修行が足りないのかもしれません
さらに何かの警告か、カフェの中で何度も何か落としたり割れたりする音が……
ガ
すみません！
地獄はないと考えられてます
ご先祖さまがいますから！
子孫を引き上げてくれそうですね

ご先祖の望みって何ですか？
子孫繁栄です
子孫をつくらないとダメでしょうか……
子供をつくることだけが子孫繁栄ではありません
何事もなく、元気で生きてるってだけで子孫繁栄だから！
ありがとうございます！
ご先祖は子孫を守ってくれているんですよね
守るっていうより警告してきます
亡くなった夫の母が夢に出てきて
なんでこの子はこんなことするんだろう……
と、泣くんです
ピンときた先生は夫の浮気を突き止めました
！
探偵会社のGPS追跡機能や盗聴器以上の精度で浮気情報をキャッチ
いま、2人は女のマンションにいる
会話も聞こえるわ……
あの人なら大丈夫でしょ
妻が霊能者なのに浮気なんて無謀です
でも、おかげで36キロやせたし部屋の掃除もするようになって仕事運も上がりました
彼女のおかげで人生変わりました
（なんて人格者発言！）
あの世の話がいつの間にか修羅場の話になってましたが……とにかく先祖が見てるので悪いことはできないということです

沖縄の葬儀では棺桶にお土産のタオルを入れる

高名なユタ（沖縄の霊能者）の末裔《まつえい》であり、著明な琉球《りゅうきゅう》風水師《ふうすいし》として活躍中の島袋千鶴子先生。四柱推命《しちゅうすいめい》をベースにして開発された独自の「琉球推命」によって鑑定を行っています。その鑑定は、よく当たるうえに実生活に役立つと評判です。そんな島袋先生に、あの世や死後の世界について、気になるあれこれをうかがいました。

島袋先生によると、沖縄には、死後の世界について独特のいい伝えがあるそうです。

「海の彼方に『ニライカナイ』と呼ばれる楽園があり、亡くなった人たちはそこで過ごしているといういい伝えです。ニライカナイでは、誰もが生前と同じような生活を送り、幸せに暮らしています。たとえば、先にお母さんが亡くなって、のちにお父さんが亡くなったら、そこで同じように夫婦として暮らすんですよ」

そして、お盆には、この世の家族のもとに帰ってきます。島袋先生が意識を向けると、その姿が見えたり、存在が感じられたりするそうです。

「ケンカして別れた夫婦なのに、仲よく現れたりすることもあります。ニライカナイでは、拒絶の思いや過去へのこだわりがなくなり、基本的にみんな仲よく暮らしているんです」

70代で亡くなった人でも、お盆に帰ってくるときは、30代や40代の姿であることが多いとか。同じ人が、そのときどきによって違う年代で現れることもあるといいます。その人がいちばん輝いていた時代なのか、あるいは、何かのメッセージが込められているのかもしれません。自分の親が亡くなったあと、自分より若い親が帰ってきたら、ちょっと面食らうでしょうが、その半面、会ってみたい気もします。

沖縄の葬儀で独特なのは、辛酸《しんさん》なめ子《こ》さんの漫画にもあるように、亡くなったときの棺桶に、きれいなタオルをたくさん入れるということ。

『○○オジイにあげてね』『○○さんに会ったら渡して』と、あの世へのお土産として棺桶に入れるんです。沖縄では、あの世への旅立ちのときには、親族がお迎えに来るということが、あたりまえに信じられていますから」

あいさつ代わりの粗品といえば、いまも昔もタオルがポピュラーですが、あの世へのお土産にもなるとは知りませんでした。入れるのは、きれいな白いタオルと決まっているそうです。

あの世といえば「雲の上」というイメージがありますが、島袋先生が見るあの世の人々はどこにいるのでしょう。

「私は、雲の上からのぞき込むというか、見下ろすようにしている人は、1回も見たことないですね。私たちのそばに、ポワンと現れたのを見たことしかないんです。それもきれいに見えるときと、半透明のようにおぼろげに見えるときと、フラッシュしながら見えるときがあります。見えないときもあって、そんなときはどうやってもまったく見えません。姿が見えなくても、声だけ聞こえたり、存在を感じられたりすることはあります」

私たちのそばに「ポワンと現れる」というのがかえってリアルです。あの世とこの世とは、次元が違うだけで、「どちらもいまここにある」ということなのでしょうか。

亡き人からのメッセージを受け取ることは誰でもできる

島袋先生は、依頼者の求めに応じて亡くなった人を呼び出し、会話をしてメッセージを伝えることもされています。気になることを確かめたり、できなかったお詫びを伝えたり、あちらからのメッセージを伝えたりすることで、依頼者さんは涙を流して喜ばれることが多いとか。「あの世もここにある」としても、普通の人間にはコンタクトできない世界ですから、それはさぞかしうれしいだろうと思います。

しかし、「ハッキリした姿は見えなくても、存在を感じたり、メッセージを受け取ったりすることは、一般の人でも右脳《うのう》を開発すればできるようになりますよ」と島袋先生。

「ふとしたときに、亡くなった人がそばにいる気がする、あるいは声が聞こえた気がするということは、誰にでもあるでしょう。そんなとき、『気のせい』ですませずに、『会いに来てくれたんだな』と思って感謝したり、感じ取ろうと努めたりするだけでも違ってきますよ」

亡くなった大切な人と、もう絶対に会えないと決めつけずに、「また、会えたらいいなあ」と思っているほうがよいのかもしれません。

島袋先生は、だいたい4代前のご先祖までコンタクトできるそうです。ユタには、もっと前まで見える人もめずらしくないとか。となると、輪廻転生《りんねてんしょう》という考え方からは、かなり以前のご先祖は「すでに生まれ変わっているのでは?」という疑問が湧きます。

すると、「沖縄では、生まれ変わりはないという考え方です」と島袋先生。亡くなっても、その人はその人のまま、いつまでもあの世にいると考えるそうです。ものすごい数のご先祖が見守ってくれていることになりますが、大切な人がいつでもずっとそこにいてくれるというのはうれしい感じもします。

沖縄では、「お墓は亡くなった人の家」と考えるので、とても大きく造るといいます。私も見たことがありますが、確かに本土のお墓に比べると巨大で、家のような形や独特の形をしています。

「お墓は縁起が悪いといって忌《い》みきらうとか、家のそばに建てたくないといった感覚は、沖縄の人にはないですね。死は身近にあり、いやなものではないんです。沖縄では、春分過ぎから4月にかけてシーミーというお祭り（清明祭）をしますが、このとき、お墓に亡き人の親戚が集まって、にぎやかにお酒を酌み交わし、料理を楽しみます。お墓という家で、亡くなった人とともに宴会をするんです。これが、沖縄式の供養なんですね」

亡くなった人も、思わず参加してしまいそうです。きっと、実際に参加するのでしょう。

「そうそう、亡くなった人も、ごはんは食べていると思いますよ。シーミーのときもそうですが、ほかにも沖縄では、旧暦の8月15日（十五夜）にフチャギという餅菓子を亡くなった人に供えます。フチャギは、餅に豆がくっついたおはぎの一種で、餅は女性の子宮《しきゅう》、豆は男性の精子を意味し、子孫繁栄の象徴です。

亡くなった人が現れたとき、このフチャギの香りや、ほかの飲食物のにおいが、フワッと漂《ただよ》うことがあります。飲食物の気《き》（東洋医学でいう一種の生命エネルギー）をちゃんと召し上がっているんでしょう」

そういわれると、お供えするのにもやりがいが感じられます。

あの世を意識するよりいま生きていることを大切に

ところで、島袋先生のご専門である琉球推命とは、どんな占いなのでしょうか。

四柱推命をベースにして、琉球風水の考え方をとり入れ、わかりやすくした占いだそうです。簡単にいうと、生年月日から、その人の本質と恋愛を示す「デストニーシンボル」、仕事運と金運を示す「サクセスシンボル」、先祖や前世《ぜんせ》の影響を示す「ルーツシンボル」を割り出します。この三つから、その人の性格や運勢、よりよく生きるヒントなどを立体的に見ていきます。私も鑑定していただきました。

「寺井《てらい》さんの場合、デストニーシンボルは『石敢當《いしがんとう》（魔除けの石版）』で、現実的な安心と安定がテーマ。段取りをくずされるのが大きらいで、計画どおりにやっていきたいタイプですね」

確かに、思い当たります。

「サクセスシンボルは『紅イモ』で、アイデアで勝負の人。自分のオリジナリティーを追求して成功するタイプです」

私は、結婚式の反対の「離婚式」、泣いてデトックス（解毒《げどく》）する「涙活《るいかつ》」など、数々のアイデアで勝負してきたので、そういわれるとうれしくなりました。

「ルーツシンボルは『シーサー』で、クリエイティブな分野で才能を発揮する一方、ウケを狙うところや現在しか目に入らないところもある。前世では親の恩恵に浴し、今生《こんじょう》でも親との関係が密になりやすいでしょう」

ウケは絶えず狙っていますし、私は両親が大好きなので、バッチリ当たっています。

「いまは積極的に活動する時期で、会社組織を作るのもよい」とのこと。オフィスを法人化したばかりなのでよかったです。

「年齢的には29歳が変わり目で、33歳からいろいろな活動を始め、それが39歳に向かって実っていきます」

29歳で離婚式を、33歳で涙活を始めたので、恐ろしいほど当たっています。ただ、「いま、誰か結婚する人がいたら結婚する時期です」といわれましたが、残念ながらそういう人はいません。すると、「39歳までには現れる」とのこと。期待が高まります。

実は、私は離婚式のプランナーとして、数々のドラマチックな離婚式に立ち会ってきました。そのため、自分も結婚できた暁《あかつき》には、円満離婚をして離婚式をあげたいという夢を持っています。円満離婚は離婚全体の1%という貴重な存在です。「離婚を前提に結婚」とは変な話ですが、私は真剣に願っているので、この夢がかなうかどうかも見ていただきました。

すると、「家庭運はとてもいいです。ビジネスで離婚を扱うのはたいへん向いていますが、プライベートでの離婚はなさそうですよ」とのこと。うれしい半面、ちょっと残念でした。

それはさておき、島袋先生は、なんと「すてきな離婚のしかた」をテーマにした講演会もされていて、大好評だそうです。実は、先生は私のあこがれ、円満離婚の体験者でいらっしゃったのです。辛酸なめ子さんの漫画でもふれているように、そこには島袋先生のすばらしいお人柄を抜きには語れないドラマがありました。

何も知らずに「離婚を前提にした結婚がしたいです」などといった自分を反省しました。

テーマがすっかりあの世から離婚にシフトしてしまいました。最後に、「私たちは、死やあの世を意識して生きたほうがいいのでしょうか」とたずねたところ、こんな答えが返ってきました。

「あの世を意識するより、いま生きていることを大切に。いつか訪れる死を思うことで、『好きなことをしておこう』と前向きにとらえるなら、それもいいでしょう。でも、死にとらわれて恐怖を感じないでください。あの世とは本当は身近なもので、そこにはいつも私たちを見守ってくれる人たちがいるのですから」

島袋先生の一連のお話を通じて、この言葉が深く心に残りました。

第3章

あくなき「あの世」の探求者たち

驚くべき過去生記憶を語る子供たち――生まれ変わりについて知れば人生が豊かになる

中部大学教授／バージニア大学客員教授
大《おお》門《かど》正《まさ》幸《ゆき》先生

生まれる前の記憶について研究している大門正幸先生
生まれ変わる前の中間生や過去生について子供たちを取材しています
中間生とは……亡くなってしばらく霊界で過ごしたあと、次に生まれる前に待機する前室のようなところ
霊界
中間生
現世
6〜7歳以下のお子さんはまだそのことを覚えていたりします
全然覚えてなかったのですが……
中間生や過去生を覚えている人はやり残したことがあったり非業の死をとげたりしたケースも。忘れていることは悪いことではありません
中間生の記憶で多いのは白い雲の上でフワフワ存在しているというもの
子供の姿の場合も光の玉の場合もあるそうです
オーブ？
箱やモニターに下界の様子が映し出され……
このお母さんがいい！
と選んで降りていき、誕生
いまだったらタブレットになってるかも
選ばれるのはお母さんなんですね
調べたなかで、お父さんを選んだってケースはほとんどないですね……
このアマ！
やめて〜
あの人かわいそう私が助けてあげたい……
と、使命感から生まれたケースも

生まれるとき、過去生の技能を持ち越していることもあります
スポーツや
音楽など……
ちょっとズルいですね
僕もすごくラテン語にひかれるものがあって、ラテン語をノートに書き写すだけで幸せでした
過去生、イギリスで写本を書いていたようです
ほかは、退行催眠で見たのですが、戦争か何かで子供を殺されてしまって……
そのことが心残りで悔しくて、今生では子供を溺愛してます
娘さんのために男手でキャラ弁まで……
かわいい〜!
今生でお互いやりきったら来生は別々になるかもしれませんね
えっ それはちょっと……
死を研究したり、退行催眠を受けると死が怖くなくなります
多少の痛みがあってもそれを超えてしまえば気持ちいいです
臨死体験したちはそうおっしゃいますね
退行催眠で死んだときハートのチャクラ全開でした

臨死体験者はすばらしい人が多いです
臨死体験者が集まるシンポジウムがあったんですが、会場がものすごく心地よくて……
臨死セレブ
半分天国のようでした
天国って周波数なのかもしれません
でも、地獄に落ちる場合もありますよね
いままで子供たちの取材で聞いたのは、悪いことをしたら自分から反省部屋に入る、という話です
釜ゆでとか針山地獄じゃないんですね
その人の持つ地獄のイメージが投影されるんじゃないでしょうか
下手に地獄の知識を入れないほうがいいです
真っ暗な反省部屋で反省したら次のステージへ行けます
反省部屋楽勝かも…多少悪いことをしてもいい気がしてきました
死後を考える前にいまの体での人生を一生懸命生きるってことです
もう地獄を恐れなくてもいいので、思う存分自由に生きられそうです。ありがとうございました

「トモくんって呼ばれる前はイギリスの子供だった」

「生まれ変わり現象」や「過去生《かこせい》（過去世《かこせ》）記憶」について研究なさっている中部大学教授・バージニア大学客員教授の大門正幸先生。とくに、過去生記憶、つまり、生まれ変わる前の人生の記憶を持つお子さんとそのお母さんに、面談で聞き取り調査を行い、これまでに貴重な事例を発見されています。

過去生の記憶というと、生まれ変わりそのものを信じない人はもちろん、信じる人であっても、「想像の産物では？」「夢の内容では？」などという疑問が湧くことがあると思います。大門先生は、綿密な聞き取り結果を学術的な方法で検証することで、そういった疑いを差しはさめない、あるいは疑う余地の非常に少ない事例を収集・分析しておられます。

中部大学でのご専門は言語学で、もともとは生まれ変わりどころか、魂《たましい》や霊といった「非科学的なもの」は一切信じない唯物論者《ゆいぶつろんしゃ》でいらしたとか。ところが、学生さんからの悩み相談に、役立つ言葉を返したいという思いから、人生論の本を読みあさるうちに、生まれ変わりについての書物にめぐり合いました。

その文献を読み進めると、そこに「想像もしなかったような魅力的な研究の世界が広がっていた」といいます。

「なかでも私が心ひかれたのが、この分野の第一人者であるアメリカ、バージニア大学のイアン・スティーヴンソン博士による生まれ変わりの研究でした。

幼い子供が、『自分は以前、隣村の○○という名前の子供で、○歳のとき川でおぼれて死んだ。お母さんの名前は……』などと語り、調べると該当する人物が見つかる。そういった事例は世界中にあります。スティーヴンソン博士は、こうした事例を数多く集め、きわめて慎重かつ綿密に検証しています」

過去生記憶を探るには、こうした子供時代の発言を調べるほか、退行睡眠による前世《ぜん》世《せ》療法《りょうほう》を用いる方法があります。催眠状態のときに誘導によって過去生の記憶を引き出す方法です。

ご専門が言語学であることから、大門先生は、退行催眠時にその人の知らない言語を話す（これを「異言《いげん》」というそうです）事例についても研究されています。たとえば、ネパールの村長だった過去生を持つ日本人女性が、退行睡眠時に確かにネパール語を話しており、それはもともとの知識からはとうてい話せない言語だということを実証されています。

「過去生を持つお子さんの調査もしたかったので、胎内《たいない》記憶（お母さんのおなかにいたときの記憶）の研究で有名な池川クリニック院長の池川《いけがわ》明《あきら》先生にお目にかかってご協力を仰ぎ、過去生を持つお子さんをご紹介いただきました」

その聞き取り調査から、驚くべき過去生記憶の事例が発見されました。イギリスで生まれ育った男の子の過去生を持つトモくんの事例です。

1歳になる前から、アルファベットに異常な興味を示し、2歳で教えてもいない英語の歌を上手に歌ったトモくんは、3歳のとき、「トモくんって呼ばれる前はイギリスの子供だった」と、過去生について詳細な記憶を語り始めたそうです。そこには、実際にあった事故などの事実も含まれています。

ほかに、インドで生まれ育った過去生を持つあかねちゃんの事例もあります。あかねちゃんは、ヒンドゥー教徒がビンディ（原則として既婚で、なおかつ夫が存命中のヒンドゥー教徒の女性がつける装飾品）をつける額《ひたい》の位置にホクロがあり、それについて「インドにいるときからずっといやだった」と語り、「インドでは英語やむずかしい言葉を話していた」と話し、過去生の家族について詳細に語っています。

お話をうかがっていると、過去生というものが漠然としたものではなく、確かにあるのだとわかって鳥肌が立つような感覚を味わいました。「過去生記憶を持っている子供の多くは、非業《ひごう》の死をとげたケースが多い」そうです。今生《こんじょう》に生まれ変わった子供たちが、今度こそ楽しく幸せな人生をまっとうできますようにと、祈らずにはいられません。

子供を失った過去生ゆえに子供に愛をそそぐ

大門先生は２０１３年に、スティーヴンソン博士が設立した生まれ変わり研究の拠点、バージニア大学医学部精神行動科学科知覚研究所に客員教授として招かれ、より専門的な研究をされています。

実は、スティーヴンソン博士が生まれ変わりの研究に着手したきっかけは、日本の生まれ変わり事例を知ったことだったそうです。江戸時代後期に生まれた勝五郎《かつごろう》という男の子の過去生記憶を語った事例が、小泉八雲《こいずみやくも》ことラフカディオ・ハーンによって世界中に知られ、その報告に興味を持ったことから、スティーヴンソン博士は生まれ変わりの研究を始めたといいます。

「それなのに、研究所の収集データには、日本人の事例が一つもなかったのです。そこで、私がトモくんの事例を紹介したところ、研究所のデータの一つとして収められることになりました」

大門先生は、とてもうれしそうに語ってくださいました。トモくんの事例は、2014年1月に、NHK-BSの『ザ・プレミアム　超常現象』という番組でも紹介されました。

過去生研究に力をそそぐ大門先生ご自身の過去生は、いったいどのようなものでしょうか。「あくまでも退行催眠の結果なので、それほど信憑性《しんぴょうせい》はないかもしれませんが……」と前置きして語ってくださった過去生は、私たちから見るとじゅうぶんに信頼できそうなすごいものでした。

辛酸《しんさん》なめ子《こ》さんの漫画にあるとおり、一つはイギリス、スコットランドあたりで写本を作る作業をしていたお坊さんの過去生、もう一つは子供を悲惨な状況で失ってしまった女性の過去生です。失ったその娘さんが、今生では大門先生の2番めの娘さんとして生まれているので、限りない愛情をそそいでおられるのだとか。

「自分の子供に限らず、昔から『子供を喜ばせないといけない』という思いが強く、保育園で延長保育のボランティアをしたり、小学校で絵本の読み語りをしたり、PTA会長を務めたりしてきました。退行催眠で娘を失った過去生を知って、自分の中では納得がいきましたね」

やり残したことを、生まれ変わった生でやり遂げるということは、本当に身近にあるのだとわかって感動しました。

「退行睡眠は、誘導CDなどもあり、自分でもチャレンジできます。もちろん、専門家の誘導なら、さらに成功しやすいでしょう。どこまで信じるかはさておき、体験してみるといいですよ」とのこと。

大門先生が退行睡眠とヘミシンク（くわしくは100ページを参照）を同時に行ったとき、過去生の自分に「いまの自分に何か伝えることはありますか」ときいたところ、「いまやっている方向に突き進め」といわれたとか。研究上の悩みもあっただけに、大いに力を得たそうです。

退行睡眠による前世療法で、がんこな心身の症状が劇的に改善する人も多いといいます。「不思議ですが、過去生につながることで、エネルギーをもらえる結果ではないか、と私は推測しています」

私も今度、退行睡眠を経験してみたくなりました。

生まれ変わりを信じるからこそ今生をムダにはできない

私は93ページにも書いたとおり、ジョン・レノンの亡くなった年に生まれたことから、両親から「ジョン・レノンの生まれ変わりだ」といわれて育ちました。すっかりその気になっていたのですが、自分の誕生日が６月、ジョン・レノンの亡くなったのが12月なので、疑いを持ってしまいました。

こういうケースはあり得るのか、大門先生にもうかがってみました。

「データ的にはあり得ます。生まれ変わりとして生きている期間と重なりがある例は、少数ですがありますから」とのこと。やはり、両親の言葉を信じてもよいようです。

「それから、分霊《ぶんれい》といわれるように、ある一人の生まれ変わりとみられる人が複数いる事例もあります」

ジョン・レノンのように偉大な人の魂は、かなり分霊されてもおかしくないかもしれません。

退行睡眠では、過去生で亡くなった瞬間も体験できるそうです。ちょっと怖い気もしますが……。

「過去生のビジョンを見て、亡くなるときはものすごく気持ちがいいんです」とのこと。

あまり怖がる必要はなさそうです。それどころか、ぜひ経験したくなってきました。

「退行睡眠や過去生の記憶から、亡くなるときの感覚を調査すると、ある程度の肉体的な苦痛を感じる人もいるものの、それを過ぎたら『すごく心地いい』というのが、多くの事例に共通しています」

おぼれるときなども、そのプロセスは苦しいけれど、途中からパッとらくに気持ちよくなるとのこと。そう聞くと、死への恐怖が薄れるとともに、亡くなった人たちに対する心配もやわらぐ気がします。

死が苦しくなく、やり残したことは生まれ変わってできるのなら、恐怖が薄れるどころか、「死は恐るるに足らず！」とさえ思えてきました。

「ただし、いまのこの体で過ごす人生は今生だけです。となると、過去生記憶のことを知れば知るほど、『いまのうちにできることはやっておかなければ』という気持ちになります。それに、過去生記憶の研究をしていると、その人生で体得したさまざまなことが、実は来世《らいせ》に持ち越される場合も多いことがわかってきます。

たとえば、楽器を練習していて、プロになる夢をあきらめざるを得なかったとしても、しっかり練習しておけば、来世では夢の実現が近づくかもしれません。そう思うと、生まれ変わりを信じるからこそ、今生はムダにはならないし、ムダにできないという気持ちが湧いてきますよね」

やさしいまなざしで語る大門先生の言葉に、深くうなずきました。

過去生の記憶がなくても、私たちはみな、「今度こそこれをやりとげたい」とか「幸せに人生をまっとうしたい」とかといったテーマを持って生まれてきたのでしょう。過去の自分のためにも、いまの人生をがんばろうと思います。

過去生記憶のお話を通じて、今生で生きる勇気と元気をいただきました。

イメージの中で死を体験する「死の体験旅行」――本当に大事なものは何かを突きつけられる

倶生山なごみ庵住職
浦《うら》上《かみ》哲《てつ》也《や》さん

「死の体験旅行」講師
浦上哲也住職に死生観
などについてうかがいます
どうぞお入りください
お寺は一見普通の住宅
「死の体験旅行」とは……
アメリカ伝来のワークショップで
死にゆく気持ちを疑似体験
できます
あなたは体に異変を感じました
浦上先生の誘導で死に向き合います
自分にとって大切なもの
を紙に書き、途中で
捨てていくという……
仕事
お金
母
父
バッグ
スマホ
一度受けたことがあるのですが、最後に参加者同士シェアしたら……
最後までストレッチの習慣を捨てるのを迷いました
ええ、私はお金が大事
ですよね治療費とか……
男女の差が浮き彫りに
夢見がち男子
現実的な女子
ちなみに寺井さんは最後に何を残します？
僕は……両親ですね
父と母で迷います
キラ
キラ
なんかすみません
住職に参加者の傾向をうかがうと……
最後に残すカードで圧倒的に多いのは「母親」です
やっぱり……

「死の体験旅行」で親を看取った体験を思い出す人とか、感情移入して涙を流す人もいます
「人生の棚おろし」と表現された人もいました
この体験で浄化されて欲望も落ちますか？
人間の欲望はそんな甘くありませんよ
飛行機は着陸がいちばんむずかしいといわれています。でも、人間は人生の離陸と順行はがんばりますが着陸に気をつける人はいない
「死の体験旅行」は降下と着陸を考えるきっかけとなります
さすがお坊さん説法力が……
終活ブームは健全なことだと思います
浄土真宗での「あの世」はどんな感じですか？
地獄はあるんですか？
地獄に行く人はいません
えっ!?

鎌倉時代を境に死生観に変化がありました
それまで修行できない一般民衆はほとんど地獄に行くとされていました
でも、鎌倉時代に生まれた浄土真宗では悪人でも阿弥陀如来によって救われるとされました
では地獄は空っぽ……
そうです。誰もいないので鬼がヒマそうにしてます
ちょっとかわいいですね
亡くなった人はすぐ仏様になられるので葬儀や法事も供養ではないという考えです
法事しなくていいんですか
死後すぐ浄土に行けて仏様になれて、子孫に負担がない……
しかも地獄も行かないなんて浄土真宗いいかも
死後の人生を考えるために各宗派ごとに地獄の有無や天国の仕様などパンフに明記してほしいです
○○宗
地獄　なし
成仏　○
天国　○
（ペット可）
△△宗
宗派選びは死後ライフを左右します
老人ホームのパンフより重要

死を見つめてそこから生を考える

最寄りの駅から1分という便利な住宅地の一角。そこに、小さなお寺「倶生山《ぐしょうさん》なごみ庵《あん》」がありました。外観はまったく普通の家ですが、中はお寺で、ちょっとしたワープ感覚が味わえます。

仏間に安置された仏像の背後には、後光をかたどった、すてきなステンドグラスがやさしい光を放っています（お寺にめずらしいステンドグラスは、あとできくと、ご住職の手作りとか）。その部屋でなごみ庵のご住職、浦上哲也さんにお話をうかがいました。

浦上住職は、2013年から定期的に「死の体験旅行」というワークショップを開催しています。死の体験旅行は、誘導によってイメージを膨らませて死の疑似体験をするもの。字面は刺激が強そうですが、いたってまじめに誠実に、死と生に向き合うワークショップです。

もともとはアメリカの医療分野で始められ、余命宣告を受けた患者さんの心のケアのために、ホスピス(終末期医療)のスタッフ教育に組み入れられたといわれています。

それをお寺のご住職が始めたのは、どういういきさつがあったのでしょうか。

浦上住職は、一般家庭のご出身ながら縁あって僧侶になられ、葬儀や法事などを勤めるようになりました。

「自分としては身内を亡くした人の心に寄り添っているつもりでしたが、いま思うと、どこか徹底できていない感覚がありました。そんななか、私自身が父を亡くし、『こんなにも悲しい思いをしているのか』と知ることができたのです。しかし、その思いも年々薄れます。何か気持ちを新たにするものが欲しいと思っていたとき、お坊さんが書いている仏教書に、このワークショップが紹介されていて、ぜひ受けたいと思ったのです」

当時、日本に紹介はされていたものの、一般向けのものはほとんどなく、ようやく先生を見つけてなごみ庵で開催しました。その体験は鮮烈で、とめどなく涙があふれたといいます。

ご住職としては、自分が受けることが目的で、一度きりのつもりでしたが、体験談を耳にした人たちから「次はいつですか」「私も受けたいのですが」といった問い合わせが多数寄せられるように。それならと、ご自分がファシリテーター（進行役）になって、定期的に開催するようになったそうです。

「医療分野で始まったものですが、仏教にも『死を見つめて、そこから生を考える』というアプローチがあります。広い意味では仏教的な学びにつながると考えてやっています。私自身も得るものが大きく、いまやライフワークになりました」

参加者は、最近身内を亡くされて「そのときの身内の気持ちが知りたい」という人や、死後の世界に興味を持った人、自分の人生を見直してみたい人、ガンサバイバーの人、看護師さんや介護職の人など、さまざまだといいます。

特別に50人規模で行ったことはあるものの、ふだんは20人くらいの参加者で開催しており、大人気ですぐいっぱいになるとか。

声による誘導によって、自分が病《やまい》になり、進行し、やがて生を終えるストーリーを疑似体験していきます。最初に、自分にとって大切なものを一つずつ紙に書いておき、物語が進むにつれて、しだいに手放していきます。何を手放し、何を残すか。自分の生と死と向き合うなかで、それが参加者に突きつけられます。

誘導は、ご住職が行うほか、僧侶であり役者さんでいらっしゃる奥様（浦上智子《ともこ》さん）がなさることもあるとか。お寺での一人芝居などもされている奥様の誘導だと、よりいっそうリアルな体験ができそうです。

私はまだ参加したことがありませんが、自分だったら大切なものとして紙に何を書くか、最後に何を残すだろうかと考えながらお話をうかがいました。

「大切なもの」を手放す過程で数々の気づきがある

実は、辛酸《しんさん》なめ子《こ》さんは以前、このワークショップを受けたことがあるそうで、そのとき、最後に「お金」と書いた紙を残すかどうかで非常に悩んだとか。

私だったら何を残すかをたずねられたので、「両親」と答えました。最終的には「母親」か「父親」かを選ばなければならないそうで、私は「うーーーん」と考え込み、答えが出せませんでした。

参加者が最後に残す「大切なもの」として、圧倒的に多いのは「母親」で、ほかにも子供や配偶者など、「人間」が多いそうです。一方で、女性の場合は「お金」という人も少なくないとか。

確かに、治療費としても葬儀代としてもお金は必要ですし、家族に残すという発想もあるのでしょう。やはり女性のほうが現実的なようです。

同じ「母親」を最後に残した人でも、当然のことながら、込められた思いはさまざまです。

「あるとき、20代前半の若い女性が、最後に『お母さん』を残しました。お母さんととても仲がよく、心から大切に思っているのが伝わってきましたが、最後のシェアで、彼女が『私は自分が大好きといっているママに、自分の死ぬところを見せるというエゴを持っていると気づきました』というのです」

ハッとさせられる視点です。ご住職は「お若いのにそこまで気づかれたのか」と、思わず尼《あま》さんにスカウトしようかと思ったそうです。

また、このワークショップを受ける1年ほど前に、父親を看取ったという男性のこんなエピソードが印象的でした。

「見舞いに行っても、男同士だから会話にならず、検査結果などの事務的な話しかしなかったそうです。もしお父様の存命中にこのワークを受けていたら、『父が昔大事にしていたことや、思い出などを聞きたかった』とおっしゃっていました」

日本人、とくに男性は、改まってそういうことを話すのが苦手です。それがよいところでもあるのでしょうが、ときには思い切ってそんな話をしてみるとよいのかもしれないと考えさせられました。

死を身近に感じるための体験教室やイベントは、最近ふえているようです。私は、生きているうちに棺桶に入ってみる「入棺体験」に参加したことがあります。いざ棺桶に入って箱を閉じられると、かなり怖くて寒い感じがしました。私が入った棺桶は、顔のところの小窓もないタイプだったので、余計に怖かったのです。

「うちにも、それと間違えてみえる人がけっこういます。『あれ、箱がない』といわれたりします（笑）。あれも死を体感する装置ですよね。こちらはイマジネーションで死を感じていただくので、手法は違いますが……」

死の体験旅行では、「暗く重い気分のままでお帰ししないよう、終わったあとのフォローも大切にしています」とのことです。

いろいろな死後観が自分の中に同居していてもよい

ところで、なごみ庵は浄土真宗《じょうどしんしゅう》のお寺です。浄土真宗では、死後の世界はどういうところと考えられているのでしょうか。

「浄土真宗という名前が示しているように、亡くなった人は極楽浄土に仏様として生まれるという考え方ですね。基本的には浄土宗も同じです」

極楽浄土というあの世は、雲の上ではなく、西の彼方にあるといいます。そういえば、有名な『西遊記』も、西の彼方に向かう旅の物語でした。

「お経には、『極楽浄土は西へ西へと10万億の国を超えていったところにある』と書かれています」

10万億の国……。どれだけ遠いのでしょうか。地球をグルグル回りそうだと、余計なことを考えてしまいました。

「仏教だけでなく、世界中の神話や宗教で、たいてい没後の世界は西なんですよ。太陽が沈む方角なので、連想しやすいのかもしれません。日中韓にとっては、仏教の祖国は天竺《てんじく》、つまり、インドなので、まさしく西であることも関係しているのでしょう」

極楽浄土に行くのがスタンダードなら、地獄がないのか気になります。これについては、辛酸なめ子さんの漫画に描かれているとおり、地獄はあっても、そこには誰もいないというのが浄土真宗の考え方だそうです。ほかの大部分の宗派では、地獄に行くこともあると考えるので、この点で浄土真宗は特殊なのだとか。

「それだけでなく、浄土真宗では、亡くなると同時に仏様になって、もう救われているので、供養もしなくていいという考え方です。これには、ほかの宗派のお坊さんもビックリされます。では、法事は何のためにするかというと、亡くなった人をきっかけとして、生きている人が仏教に出合っていくためです」

「地獄がない」「供養は不要」というところで、辛酸なめ子さんが「それ、いいですね、いいですね～」と強く反応されていたのが、とてもおもしろく印象的でした。

では、亡くなって仏様になられた先祖は、極楽浄土でただ安楽に暮らしているのかというと、それだけではないようです。その仏様たちは、折りにふれて、この世の私たちを導きに来てくださっているそうです。亡くなったあとも、自分の大切な人の役に立てると思うとうれしいです。

「仏教にせよ、そのほかの宗教の死後観にせよ、完全には信じられないという人も多いでしょうが、それでいいんですよ。私自身、極楽浄土を信じる一方で、死んだら『無』だろうとも思っています。そう思いつつも、『亡くなったら、お釈迦様や先立った人の説法を聞ける』『この世に残った大事な人の導き手になれる』と、楽しみにもしています。また、先立った先輩や親に会ったとき、『おまえ、よくがんばったな』とほめてもらいたいという気持ちもあります。行ってみないとわからないことですし、いろいろな死後観が同居しているのは、悪いことではありません」

いろいろな死後の世界の話を聞いても、「どれが本当なの?」と迷ったりしないで、「それもこれも本当」というくらいのとらえ方でよいのかもしれません。

「10年くらい前まで、死の話は『縁起でもない』で思考停止していました。最近、終活《しゅうかつ》や墓じまい、仏壇じまい、エンディングノートなどが話題になっているのは、とても健全だと思います」と浦上住職。その一環として、とてもためになりそうな「死の体験旅行」。今度、機会を見つけて私も受けてみたいと思います。

あとがき

どんな人でも、いつかは必ず行く「あの世」。

どこにあって、どんなところなのか。

この世からあの世に上手に旅立つコツや、あの世で幸せに暮らす極意はあるのか。

本書では、こんな素朴な疑問を、あの世のスペシャリスト12人にぶつけてみました。

その結果、得られた貴重な情報の数々を、辛酸《しんさん》なめ子《こ》さんの漫画と私のリポートでお届けしました。世にもめずらしい「あの世のガイドブック」になったと思いますが、いかがでしょうか。

本書の企画は、まえがきにもあるとおり、私が発案して辛酸なめ子さんに共著のお願いをしました。

私は昔から、霊的なものやあの世、天国といったテーマに強くひかれてきました。

故・丹波《たんば》哲郎《てつろう》さんの著書「大霊界シリーズ」や、それをもとにした映画が話題になったころ、私はまだ子供でしたが、夢中で見ました。

大人になってからもその興味は尽きず、近年、亡くなった大切な人への手紙を届ける「天国ポスト」を作ったり、そこに投函された手紙を紹介する本を刊行したり、各地方の怪談蒐集《しゅうしゅう》を行ったりしてきたのです。

そんな活動のなかで、「そもそも、あの世ってどんなところなのだろう」という根本的な疑問に立ち返ったことが、本書を企画するきっかけになりました。

科学では検証できないことですから、最初からクリアな答えが得られるとは思っていませんでした。しかし、いろいろな分野の専門家に話を聞けば、光が交差するように明らかになる部分があるだろうと考えたのです。

できれば、この分野に私同様に関心を抱いている人といっしょに探索したいと思い、スピリチュアル研究で有名な辛酸なめ子さんにお声かけしたというわけです。

辛酸なめ子さんには、私の主催する離婚式の取材をしていただいて以来、何かとお世話になっており、いつかコラボ企画ができたらと熱望していました。今回、それが実現したのは、たいへんうれしく、まさに夢のようです。

12人の専門家から聞いた「あの世」は、当初の予想どおり、共通部分もあるものの、それぞれ独自性の強いものでした。それを聞き終えたいま、あの世をめぐる私の気持ちは大きく変化しました。

最初は、先生方から聞いたあの世情報のなかで、共通した部分だけを自分の中にとり入れればよいのではないかと思っていました。しかし、一見、矛盾することも含め、今回聞いたお話は、すべて自分があの世に行くときの参考にしようと、いまは思っています。

取材を通じて、あの世の多様性や多次元性を感じたからです。あの世に関する情報は、自分の中で無理に整合性をつけるのをやめ、ファジーなまま多くの引き出しに持ち続けておこうと思います。

いつか私があの世に行ったとき、その引き出しが、必ず役立つことでしょう。

本書の取材を通じて、何人かの先生に「呼吸器に注意」とアドバイスされました。もともと子供時代はぜんそく持ちだったので、私の呼吸器の弱さを感じ取られた先生が多かったのでしょう。

アドバイスを受けて、「気をつけなければ」と思っていたのですが、あろうことか取材期間の真っただ中にカゼをこじらせて肺炎になってしまいました。いま思うと、東北地方に怪談蒐集に行き、帰った直後の出来事だったので、霊障《れいしょう》だったのかもしれません。

3日くらいは声がまったく出ず、病院で処方された薬も効かず、40℃以上の熱が出て、一昼夜うなされました。しかし、夜中になって、フッとらくになったかと思うと、視界が黄色くモヤモヤした感じになったのです。「これが黄泉《よみ》の国というものか」などとぼんやり考えていました。

そのまま眠って、翌朝になるとウソのように治っていました。本書の取材中だからというわけではないでしょうが、こんなプチ臨死体験をしたのは初めてです。

大げさかもしれませんが、「死ななくてよかった」と、心から感謝しました。本書が出るまでは、絶対に死にたくないと思ったからです。

矛盾するようですが、その半面、以前より死が身近に感じられ、忌《い》むべきものではなくなった気がします。取材前ならあり得なかったことですが、死に対して、ちょっと楽しみというか、あこがれに似た感覚さえ覚えるようになりました。

本書は、いつか自分に本当の死が訪れたときには、冥土《めいど》の土産に持っていくつもりです。必ず、すばらしい羅針盤《らしんばん》になってくれると信じています。

読者のみなさんにとっても、ありそうでなかった「あの世ツアーのガイドブック」である本書が、よりよいあの世ライフ、ひいては現世《げんせ》を生きるうえで、何かお役に立てば幸いです。

2017年、春のお彼岸の前に

寺井広樹《てらいひろき》

参考文献

『霊的探訪 スピリチュアル・レッスン』辛酸なめ子著 角川書店

『泣いてやせる! 涙活ダイエット』寺井広樹著 匠英一監修 マキノ出版

『「試し書き」から見えた世界』寺井広樹著 ごま書房新社

『企画はひっくり返すだけ!』寺井広樹著 CCCメディアハウス

『長生きしたけりゃ素生力をつけなさい』小林健著 マキノ出版

『5度の臨死体験でわかったあの世の秘密』小林健著 イースト・プレス

『不思議なハンコ屋―山本印店物語―』山本桃仙著 マキノ出版

『食べない人たち』秋山佳胤・森美智代・山田鷹夫著 マキノ出版

『食べない人たち ビヨンド』秋山佳胤・森美智代・山田鷹夫著 マキノ出版

『宇宙意識への扉』松尾みどり・吉田信啓著 中央アート出版社

『未来を知って幸せになる本』如月マヤ著 マキノ出版

『ブルース・モーエン 死後探索マニュアル』ブルース・モーエン著 塩崎麻彩子訳

坂本政道監訳　ハート出版
『「臨死体験」を超える　死後体験』坂本政道著　ハート出版
『死ぬ前に知っておきたいあの世の話』坂本政道著　ハート出版
『《超人》荒井義雄の【氣の極み】宇宙無限大の生き方』荒井義雄著　ヒカルランド
『開運！　お茶碗5円玉』島袋千鶴子著　マキノ出版
『コワいほど当たる！　琉球推命』島袋千鶴子著　マキノ出版
『「よかった」の口ぐせが幸せを呼ぶ』島袋千鶴子著　マキノ出版
『なぜ人は生まれ、そして死ぬのか』大門正幸著　宝島社
『ｈａｓｕｎｏｈａ　お坊さんお悩み相談室』ｈａｓｕｎｏｈａ著　小学館集英社プロダクション

辛酸なめ子（しんさん・なめこ）

1974年、東京都生まれの埼玉県育ち。武蔵野美術大学短期大学部デザイン科グラフィックデザイン専攻卒業。学生時代からさまざまな方面での創作活動を行う。漫画家、コラムニストとして活躍中。近著は『大人のコミュニケーション術』（光文社新書）。

寺井広樹（てらい・ひろき）

怪談蒐集家、涙活プロデューサー。1980年、神戸市出身。同志社大学経済学部卒業。大学時代に事故物件に住んだ経験から霊感が強くなる。涙を流すことで心のデトックスを図る「涙活」を発案し、作家の志茂田景樹氏とともにグリーフケアの一環として「天国ポスト」を創設。また、2017年１月から笑顔のお別れ会「笑顔葬」をスタート。『泣いてやせる！　涙活ダイエット』（マキノ出版）、『天国ポスト～もう会えないあの人に想いを届けます。』（トランスワールドジャパン）など著書多数。

辛酸なめ子と寺井広樹の「あの世の歩き方」

平成29年３月25日　第１刷発行

著　者　辛酸なめ子
　　　　寺井広樹
発行者　室橋一彦
発行所　株式会社マキノ出版
　　　　〒113－8560　東京都文京区湯島2－31－8
　　　　☎03－3815－2981　振替00180－2－66439
　　　　マキノ出版のホームページ　http://www.makino-g.jp
印刷所　株式会社平河工業社
製本所　株式会社フォーネット社

お問い合わせは、編集関係は書籍編集部（☎03－3818－3980）、
販売関係は販売部（☎03－3815－2981）へお願いいたします。
定価はカバーに表示してあります。

ISBN978-4-8376-7253-1